Sobre a artista e autora
Stephanie Pui-Mun Law

STEPHANIE PUI-MUN LAW, embora pintasse mundos fantásticos desde a infância, não começara sua carreira como artista até 1998, ano em que se formou na faculdade. Graduada em Ciências da Computação, passou três anos programando para uma empresa de software durante o dia e correndo para casa para pintar até tarde da noite. Logo ela trocou o universo da lógica e dos números por pinturas feéricas e relacionadas ao mundo dos sonhos.

Stephanie é autora e ilustradora do livro *Dreamscapes* (2008, North Light Books), sobre técnicas de aquarela para fantasia, e suas ilustrações foram utilizadas por vários clientes de jogos e editoras incluindo Wizards of the Coast, HarperCollins, LUNA Books, Tachyon Books, Alderac Entertainment e Green Ronin. Seus trabalhos também costumavam ser publicados pelas revistas *Realms of Fantasy, Cricket* e *Cícada*.

Além dos projetos encomendados, a artista passou muito tempo trabalhando em seu acervo cuja inspiração decorre de mitologia, lendas e folclore. Ela também foi fortemente influenciada pelas artes impressionista, pré-rafaelita, surrealista e pela maestria da mãe natureza. Ecos rodopiantes de sinuosos galhos de carvalho, manchas no chão de folhas molhadas e a infinita paleta de céus são a assinatura dela. Sua formação de mais de uma década como dançarina de flamenco também é evidente no movimento e na composição de sua arte. Cada aspecto de suas pinturas se apresenta como um fluxo coreografado – em que os dançarinos não são apenas aqueles com membros humanos.

Sobre a autora
Barbara Moore

Tarô, oráculos e magia têm influenciado a vida de Barbara Moore há quase vinte anos. Ela estudou com alguns dos especialistas em tarô mais influentes do mundo e continua ensinando e trabalhando com algumas das estrelas mais brilhantes da área.

O gosto pelo desafio de dar voz às cartas de tarô e aos oráculos proporcionou à autora a chance de escrever livros para diversos baralhos, incluindo *A Guide to Mystic Faerie Tarot* (Tarô da Fada Mística), *The Gilded Tarot Companion* (Tarô Dourado), *The Witchy Tarot* (Tarô da Bruxa Teen), *Destiny's Portal* (Oráculo Encantado), *The Dreamer's Journal* (Tarô do Sonhador Místico) e *Vampires Tarot of the Eternal Night*, além de um livro de magia para o Kit de Magia Pagã, *Pagan Magical Kit*. Atualmente, ela está projetando vários baralhos de tarô e trabalhando no *Tarot for Beginners* (Llewellyn, novembro de 2010).

Shadowscapes Tarô FUGA DAS SOMBRAS

Textos de
Stephanie Pui-Mun Law
& Barbara Moore

© Publicado originalmente em 2010 pela Llewellyn Publications.
© Publicado em 2019 pela Editora Isis.

Revisão de textos: Rosemarie Giudilli
Projeto gráfico: Rebecca Zins
Diagramação: Décio Lopes
Capa: Lisa Novak

Dados de Catalogação da Publicação

Moore, Barbara & Law, Stephanie Pui-Mun

ShadowScapes Tarô: fuga das sombras/ Barbara Moore & Stephanie Pui-Mun Law | 1ª edição | São Paulo, SP | Editora Isis, 2020.

ISBN: 978-85-8189-???

1. Tarô   2. Oráculo   3. Arte divinatória   I. Título.

Proibida a reprodução total ou parcial desta obra, de qualquer forma ou por qualquer meio seja eletrônico ou mecânico, inclusive por meio de processos xerográficos, incluindo ainda o uso da internet sem a permissão expressa da Editora Isis, na pessoa de seu editor (Lei nº 9.610, de 19.02.1998).

Direitos exclusivos reservados para Editora Isis.

EDITORA ISIS LTDA
www.editoraisis.com.br
contato@editoraisis.com.br

Sumário

Nota da artista   9

Introdução   11
por Barbara Moore

Os Arcanos Maiores   27

Os Arcanos Menores   117

Bastões   117

Taças   1147

Espadas   179

Moedas   209

Abertura do Tarô   239

Nota da Artista

Enquanto dou os toques finais pincelando o último dos reis, minha mente volta a junho de 2004, quando comecei essa jornada. Como O Louco, eu estava no precipício deste projeto, oscilando à beira de um vasto desconhecido – desafio que impus à minha mente e às minhas habilidades como artista. E agora, setenta e oito pinturas depois, sinto que cada carta foi imbuída de um pedaço indelével da minha vida durante essa trajetória. Cada uma tem a marca das minhas meditações enquanto eu vagava por uma paisagem mutável da existência: como o assombroso chamado de mergulhões ao entardecer, que ecoa pela superfície lisa e espelhada do Lago Manitou até a moldura da carta O Eremita; ou a aranha, que pacientemente girou sua intrincada teia pela minha porta para me mostrar, como uma verdadeira artesã, como o Oito de Moedas deveria ser; ou A Rainha de Taças, que fez sua dança de expansão quando minha inspiração estava no ponto mais baixo.

Eu sempre amei histórias. Os arquétipos de mitos, lendas e contos de fadas percorrem meus pensamentos e se materializam nas imagens que crio. Histórias estão no coração de cada uma dessas cartas – algumas delas minhas, outras registradas no tempo pelas vozes de contadores de histórias narradas em frente a lareiras e cabeceiras. Essas narrativas não têm limites e sempre foram uma forma de expressar experiências, desejos e medos humanos.

É com uma mistura de alívio e apreensão que assino a última carta; alívio porque pude acompanhar o processo até sua conclusão e apreensão pelo pensamento de "Para onde sigo daqui?". As telas em branco me encaram. Olho em volta e o vazio de ilimitadas possibilidades é assustador. Então O Louco sorri para mim, pega-me pela mão e me leva à beira das brumas cambiantes. "Dê um novo salto", diz ele.

Introdução

Por Barbara Moore

Antes de qualquer outra coisa, aqui está o que você deve fazer. Este baralho mágico merece um momento mágico, um momento entre você e ele. Vocês devem formar uma primeira impressão um do outro. Cada carta neste baralho é como uma porta que pode abrir mundos. Vocês, em cerca de dois minutos, serão como dois estranhos olhando um para o outro em um quarto em um relance de momento acompanhado por várias possibilidades.

Pegue o seu baralho e embaralhe – ou não, o que você preferir – feche os olhos e escolha uma carta. Finalize este parágrafo e, em seguida, largue o livro. Ignore o nome e o número na carta e apenas observe a imagem. Admire-a. Aprecie sua beleza intricada, porém simples. Olhe para ela por tempo suficiente para que possa enxergá-la de olhos fechados. Feche os olhos e, ainda visualizando a carta, entre na imagem. Imagine como é, como cheira, como soa. Vivencie. Se você estiver se sentindo aventureiro, interaja com uma figura na imagem. Depois de terminar, volte ao livro.

Muitas pessoas, especialmente as novas no tarô, perguntam-se de onde vêm os significados para as cartas. Os significados são compostos de um conjunto de coisas diferentes, e agora você conhece uma delas. Você acabou de vivenciar uma carta. O que essa experiência significa? O que significou para você pouco importa, isso é parte do significado da carta.

Ironicamente, para muitas pessoas, essa é a parte mais difícil e mais fácil do significado. Simplesmente olhar para uma figura e dizer o que ela significa é algo que as crianças fazem o tempo todo, mas os adultos parecem lutar contra isso, como se tivessem medo de "entendê-la errado". Intuição e resposta emocional são importantes para a leitura e trabalham lado a lado com as interpretações intelectuais. Como você verá, o tarô tem muito a ver com equilíbrio... o equilíbrio entre coração, mente, corpo e espírito.

Tarô é uma combinação de estrutura e arte que cria uma experiência única. Quando todos vocês – coração, mente, corpo e espírito – estão envolvidos, você se encontra em um lugar numinoso e se torna aberto à sabedoria que está oculta dentro de si. É assim que o tarô ajuda a responder perguntas e fornece orientação. As respostas e as orientações não vêm das cartas; elas são uma ferramenta. As respostas estão em você e as cartas ajudam a vê-las.

Nas páginas a seguir, você aprenderá algumas noções básicas de tarô com instruções completas que lhe darão uma base pela qual sua intuição poderá fluir. Você encontrará interpretações detalhadas de cartas lindamente escritas pela artista que darão mais profundidade aos significados e tornarão sua experiência ainda mais poderosa. No final do livro, há uma coleção de baralhos para uso. Assim, você estará pronto para fazer suas próprias leituras e encontrar as respostas que está procurando.

Você está prestes a iniciar uma jornada de autodescoberta com uma coleção de imagens criada para inspirar e um livro para orientá-lo. Eles irão guiá-lo em sua própria caminhada, mas aonde você irá depende inteiramente de você!

Noções básicas de tarô

Ler tarô é uma experiência muito pessoal. Cada leitor tem seu próprio estilo, influenciado por crenças pessoais, conhecimento e habilidades. Mesmo as pessoas que leem pela primeira vez têm interações significativas e úteis com as cartas. Sem ler outra palavra, você pode fazer uma pergunta, pegar uma carta, olhar a imagem e encontrar uma resposta. Quanto mais você souber, mais fáceis e profundas serão as suas leituras.

Este capítulo mostrará como desenvolver suas habilidades de interpretação, mostrando como coisas diferentes moldam os significados das cartas. Você também encontrará orientações sobre como realizar uma leitura. Lembre-se de que a leitura do tarô é pessoal; ao praticar e ganhar experiência, você saberá o que funciona para você e o que não funciona.

Criando significados

A leitura do tarô se baseia na interpretação das cartas distribuídas para responder a uma pergunta específica. A interpretação para uma mesma carta será um pouco diferente sempre que ela aparecer. Isso ocorre porque muitos fatores afetam o significado da carta. Por exemplo:

- Sua reação à arte.
- Sua intuição.
- O nome da carta ou a designação do naipe.
- Os significados tradicionais.
- A intenção do artista e a visão única da carta.
- A pergunta feita.
- A posição da carta na abertura do tarô.

Como você pode ver, o significado de qualquer carta será um complexo de camadas de história, estrutura, interpretação artística, contexto e resposta emocional.

Estrutura do Baralho

Vamos começar com a estrutura de um baralho de tarô. Você deve ter notado que existem muitos baralhos de tarô disponíveis, além de outros tipos de "baralhos de oráculos". Um baralho de tarô, ao contrário de um oráculo, tem uma estrutura muito específica e compreendê-la aumentará sua capacidade de interpretar as cartas.

A estrutura é fácil – supondo que você esteja familiarizado com um baralho de cartas, um baralho de tarô tem certa semelhança. Ele pode ser visto como duas partes, cada uma é chamada de *arcano*, que significa "segredo". A primeira parte, chamada Arcanos Maiores, discutiremos em seguida. A segunda parte, os Arcanos Menores, tem quatro naipes chamados de bastões, taças, espadas e moedas, diferentemente de um baralho de cartas comum, com os naipes de paus, copas, espadas e ouros. Cada naipe tem cartas numeradas de ás a dez. Aqui é onde fica um pouco diferente: um baralho de cartas tem valete, rainha e rei. Um baralho de tarô tem pajem, cavaleiro, rainha e rei – quatro figuras (as cartas da corte, como são chamadas no tarô) em vez de três.

Cada naipe está associado a um elemento (fogo, água, ar ou terra) e representa uma área da experiência humana. Os bastões estão associados ao fogo e representam paixão, atividades e projetos. As taças estão associadas à água e representam relacionamentos, emoções e criatividade. As espadas estão associadas ao ar e representam desafios/problemas, pensamentos e intelecto. As moedas estão associadas à terra e representam recursos, coisas físicas e o corpo. Os Arcanos Menores, como você pode perceber pelo nome, simbolizam pequenos segredos ou aspectos de nosso cotidiano.

As cartas dos Arcanos Menores têm números ou nomes das figuras. Estes também têm significados:

ASES: novos começos, potencial

DOIS: dualidade, equilíbrio, relacionamento

TRÊS: criatividade, nascimento, crescimento

QUATROS: estabilidade, estrutura, estagnação

CINCOS: conflito, incerteza, instabilidade

SEIS: comunicação, resolução de problemas, equilíbrio

SETES: reflexão, julgamento, avaliação

OITOS: movimento, poder, progresso

NOVES: compromissos, compaixão, espiritualidade

DEZ: conclusão, perfeição, término de um ciclo

PAJENS: entusiasmo juvenil, mensagem

CAVALEIROS: intensidade, rapidez, busca, resgate

RAINHAS: maturidade, carinho, experiência

REIS: liderança, proteção, autoridade

Ao interpretar as cartas, considere o naipe e o número ou nome, bem como sua resposta intuitiva e emocional à arte. Use cada um desses componentes na interpretação final – mas não apenas eles, a pergunta e a posição na abertura do tarô também desempenharão um papel. Antes de analisarmos isso, vamos falar sobre os Arcanos Maiores.

A Papisa, A Roda da Fortuna, A Morte, Os Enamorados são algumas das cartas que fazem parte dos Arcanos Maiores. Eles são considerados misteriosos por alguns, o que é verdade – seus nomes têm um efeito bastante esotérico e emocionante. As cartas dos Arcanos Maiores são os "grandes segredos". Ao contrário dos Arcanos Menores, que se concentram nos eventos do dia a dia, os Arcanos Maiores representam marcos, eventos importantes ou dramáticos, aspectos espirituais e coisas fora do nosso controle.

16 ShadowScapes Tarô

As cartas dos Arcanos Maiores são numeradas de zero (O Louco) a vinte e um (O Mundo). Todas elas têm um nome e tradicionalmente são numeradas com algarismos romanos. Embora essas cartas sejam complexas, você pode captar seu significado básico pelo nome. O Louco é alguém ingênuo, inocente e até tolo. A Papisa é alguém com conhecimento profundo e intuitivo. A Roda da Fortuna trata das mudanças no destino e nos ciclos da vida. A Lua é sobre sonhos, sombras e decepções.

Quando as cartas dos Arcanos Maiores aparecerem nas suas leituras, tenha em mente que elas representam eventos ou experiências significativas. Considere o nome da carta ao examinar a imagem e inclua em sua interpretação.

Significados tradicionais e visão da artista

Além dos significados estruturais, as cartas de tarô, com o tempo, desenvolveram o que muitos consideram seus significados "tradicionais". Na seção de cartas deste livro, Stephanie incluiu os significados tradicionais e escreveu um texto complementar com sua interpretação das cartas para guiá-lo no desenvolvimento de seu próprio relacionamento com o baralho.

As cartas, principalmente os Arcanos Maiores, podem ter camadas de significados e diversas maneiras de interpretá-las. Por essa razão cada artista de tarô expõe um aspecto específico. Por exemplo, O Hierofante tem a ver com os ensinamentos tradicionais. Dependendo do ponto de vista, isso pode ser estagnante e repressor ou reconfortante e enriquecedor. Cada artista de tarô terá uma perspectiva única. E isso se torna ainda mais exclusivo pela resposta que você terá à imagem, ao nome e ao significado tradicional.

A Pergunta

Fazer a pergunta certa é importante porque ela moldará a resposta. A ideia como um todo sobre "qual é a pergunta certa" é complicada. Cada um tem suas próprias ideias sobre as melhores maneiras de fazer perguntas. Aqui estão algumas coisas em que você deve pensar ao formular sua pergunta.

1. Não pergunte o que você não quer saber.

Isso é sério. Imagine todas as respostas possíveis para sua pergunta: boas, ruins e neutras. Como você se sentiria se alguma delas fosse a resposta? Se você estiver pronto para saber, não importa o quê, pergunte. Caso contrário, adie-a até estar pronto.

2. Você acredita que o futuro é predeterminado?

Se você quiser perguntar às cartas algo sobre o que acontecerá no futuro, pode-se supor que você acredita que seu futuro está definido ou fadado, que você não tem livre-arbítrio e não pode afetar os resultados – em suma, você acredita que "o que quer que aconteça vai acontecer". Essa crença terá efeito na maneira como você formula sua pergunta. É mais provável que você pergunte: "Será que algum dia vou me casar?" em vez de "Como posso atrair um relacionamento forte na minha vida?".

3. Você acredita que tem controle total sobre o seu futuro?

Essa é exatamente o oposto da crença acima. Nesse caso, suas perguntas sobre o futuro podem se concentrar em quais ações você pode executar para criar o que deseja. Você pode perguntar: "Como posso encontrar o emprego dos meus sonhos?" em vez de "Encontrarei um emprego?"

4. Você acredita que tem algum controle, mas que algumas coisas estão além dele?

Essa é uma abordagem híbrida e popular. Se você acredita que tem muito controle sobre sua vida, mas também acredita que existem algumas coisas que você não pode controlar, então você pode fazer perguntas diferentes. Você pode fazer perguntas com várias nuances, como "O que preciso saber sobre o mercado de trabalho e como posso encontrar o melhor emprego para mim?".

A pergunta é importante. Ela não apenas reflete suas crenças e molda a resposta, como também afeta a maneira como você interpreta as cartas. Por exemplo, alguém que favorece um sistema de crenças predeterminado pode interpretar a carta A Morte, em uma leitura sobre romance, como término de um relacionamento. Já alguém que trabalha com uma crença mais focada no controle pode ler a carta como uma oportunidade para transformar uma situação estagnada. Em uma leitura, a pessoa *experimenta* algo; em outra, a pessoa *faz* algo.

Posição na Abertura do Tarô

A posição na abertura do tarô é a maneira como as cartas são dispostas em uma leitura. São várias as possibilidades de leituras para as aberturas. Neste livro, há uma coleção que você pode usar, assim como existem livros específicos de aberturas que você pode comprar. Se preferir, também há a possibilidade de consultá-las online gratuitamente ou criar suas próprias aberturas.

Cada posição em uma abertura recebe um significado. Por exemplo, uma simples abertura de três cartas significa:

1. Passado
2. Presente
3. Futuro

A primeira carta representa o que aconteceu no passado; a segunda, o que está acontecendo agora; e a terceira, o que acontecerá (provavelmente) no futuro. Nessa abertura é fácil ver como as posições afetariam sutilmente a interpretação das cartas.

Outra variação dessa abertura de três cartas é:

1. O problema
2. Conselhos
3. Resultado provável

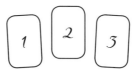

Aqui o efeito é menos sutil. Ler uma carta para obter conselhos (posição 2) é diferente de lê-la como um resultado em potencial (posição 3). A carta A Lua como conselho pode ser lida como "confie nos seus sonhos" ou "não revele tudo". Porém, como carta de resultado, pode ser lida como "cuidado com ilusões ou enganos".

Uma palavra sobre inversões

Ao continuar sua exploração do tarô, você provavelmente ouvirá sobre cartas "invertidas". Cartas invertidas são aquelas que estão de cabeça para baixo em uma abertura. Ou seja, elas estão viradas para cima, mas a parte inferior da carta está ao contrário, dessa forma:

Carta para cima   *Carta invertida*

Há divergência de opiniões entre os tarólogos sobre as cartas invertidas. Alguns deles não as interpretam e apenas as colocam na posição vertical e continuam. Outros mantêm as cartas invertidas e as interpretam de maneira diferente do que se estivesse na posição vertical. Alguns designers de baralho, já com a intenção de que as cartas sejam lidas invertidas, incluem esses significados no livro. Como Stephanie não projetou esse baralho para cartas invertidas, esses significados não estão incluídos.

Se você deseja incorporar cartas invertidas em seu processo de interpretação, você pode tentar várias técnicas. Para mais informações, confira o livro de inversões de tarô de Mary K. Greer, *A Complete Book of Tarot Reversals* (2002). Nele, ela ensina vários métodos para interpretar cartas invertidas. Algumas ideias incluem a interpretação como se estivesse na vertical, mas com uma atenção especial, interpretando-a como algo bloqueado ou reprimido, ou como o oposto do significado na vertical.

Agora que você tem muitas informações sobre como criar significados para as cartas individuais, convém dedicar algum tempo olhando para elas para obter as primeiras impressões e talvez fazer anotações sobre suas ideias iniciais. Ou você pode seguir em frente e pular direto para a leitura.

Leituras

Uma leitura é o processo de usar cartas de tarô para determinar respostas às perguntas. Ela pode ser tão simples ou elaborada quanto você quiser. Nesta seção, descreveremos os elementos básicos de uma leitura simples. Em seguida, compartilharemos algumas ideias que você pode incorporar em suas leituras ou usar apenas como inspiração para criar as suas.

Etapas básicas de leitura

1. Determine a pergunta.

Muitas pessoas optam por anotar, junto com as cartas sorteadas, suas posições e interpretações para referência posterior.

2. Escolha uma abertura.

Selecione uma abertura que melhor responda à sua pergunta ou crie uma você mesmo.

3. Embaralhe as cartas.

Existem várias maneiras de embaralhar. Use qualquer método com o qual você se sinta confortável ou experimente outros, se desejar.

4. Coloque as cartas nas posições da abertura.

Para começar, coloque as cartas viradas para cima e as distribua pelo topo do baralho. Discutiremos as opções para esta etapa em seguida.

5. Interprete as cartas individualmente.

Analise as cartas uma a uma e determine seus significados.

6. Sintetize a leitura em uma resposta.

Combine todas as cartas, tendo em mente suas posições, e dê uma resposta significativa à pergunta.

É isso. É o mínimo que você precisa fazer para realizar uma leitura. No entanto, há muita margem para variações e existem muitas opções para tornar a experiência mais poderosa e significativa.

Além do básico

Rituais

Os rituais não são uma parte necessária da leitura. No entanto, existem algumas boas razões para incorporar um ou dois à sua prática. De modo geral, nossos dias são lotados de ocupações e distrações. Até o ritual mais simples é uma maneira de se acalmar, centralizar em você mesmo e concentrar-se na tarefa em questão. Alguns pensam em uma leitura de tarô como uma conexão ou uma forma de comunicação com o divino. Essa comunicação se beneficia de um estado de espírito aberto, no qual sua lógica cotidiana é um pouco mais calma e sua mente intuitiva é mais ativada. A realização de um ritual antes da leitura permite que sua mente se reorganize e entre no modo de leitura. Se você está lendo para alguém, realizar um ritual também ajuda a acalmar, centralizar e se concentrar. Permite que a pessoa entre em um estado numinoso para que esteja mais aberta a receber a mensagem da leitura.

Os rituais podem ser tão elaborados ou simples quanto você desejar. Seu ritual de pré-leitura pode ser apenas um ato ou uma série de ações. Aqui está uma lista de coisas que outros tarólogos fazem. Experimente algumas, individualmente ou em combinações, e veja o que é mais adequado para você.

- Espalhe sobre a mesa um pano especial para colocar as cartas;
- Embaralhe e corte suas cartas da mesma maneira todas as vezes;
- Coloque os pés no chão, entrelace os dedos no colo, feche os olhos e se centralize;
- Acenda uma vela;
- Coloque uma música;
- Faça uma oração ou afirmação;
- Queime um incenso.

Embaralhar, Cortar e Distribuir

Antes de fazer uma leitura, organize seu baralho aleatoriamente, embaralhando as cartas. Existem muitas maneiras de embaralhar. Você pode fazer o embaralhamento em cascata, como muitas pessoas fazem quando jogam cartas, mas se estiver preocupado com o fato de que esse método pode amassar suas cartas, use o embaralhamento *overhand*. Se achar que as cartas são muito grandes (ou suas mãos muito pequenas), você pode usar o método de espalhar todas as cartas viradas para baixo na mesa e movê-las com as palmas das mãos.

Cortar as cartas é algo bastante simples. No jogo, tem um papel importante na prevenção de trapaça, mas, se incorporado à leitura do tarô, é apenas parte do ritual. Divida o baralho em duas ou mais pilhas e depois pegue-as novamente em qualquer ordem. Alguns tarólogos fazem isso com a mão não dominante.

No tarô, distribuir as cartas é como você pega cartas individuais da pilha e as move para sua posição na abertura. Você pode distribuir a partir do topo ou da parte inferior do baralho. Pode também colocar as cartas na mesa, selecionar aleatoriamente um número necessário para a abertura, reuni-las em uma pilha e distribuir de cima para baixo.

Se estiver lendo para outra pessoa, decida se você e a pessoa que fez a pergunta irão tirar as cartas ou se apenas você ou ela fará a tiragem. Algumas pessoas não deixam mais ninguém tocar suas cartas. Outros acham que é importante obter as energias de ambas as partes misturadas nas cartas.

Algumas pessoas preferem distribui-las com a face para cima. Outras, com a face para baixo. Lidar com as cartas viradas para baixo tem a vantagem de criar uma atmosfera de mistério e drama à medida que cada carta é revelada e de manter o foco em uma carta de cada vez, não se distraindo com as cartas que aparecem em seguida. Lidar com a face para cima permite que você avalie a leitura como um todo e obtenha informações gerais antes de interpretar cartas específicas.

Métodos de leitura

O método de leitura é uma técnica simples que permite formar uma visão geral das informações fornecidas pela abertura. Sabendo que diferentes grupos de cartas no baralho têm significados próprios, você pode incorporar seu conhecimento da estrutura básica de um baralho de tarô. As principais cartas dos Arcanos representam os eventos fundamentais da vida, as taças, emoções e relacionamentos, ases, novos começos etc.

Há outros aspectos que alguns tarólogos observam. Se houver muitas cartas da corte, pode significar que muitas pessoas estão envolvidas na situação. Cavaleiros podem significar que uma situação é veloz (especialmente com o Oito de Bastões). Ases, dois e três podem significar que a situação está em seus estágios iniciais; quatros, cincos e seis, no meio; setes, oitos e noves, aproximando-se da resolução; dez mostram o fim de uma situação ou ciclo. Ao fazer uma abertura, procure várias cartas, naipes, números ou cartas da corte dos Arcanos Maiores. Você também pode procurar cores, símbolos ou imagens que se repetem e conversam com a sua intuição.

Se, por exemplo, você está lendo sobre um relacionamento e há muitas espadas, nada de taças e alguns quatros, existe um consenso de que as coisas não estão bem – há problemas e provavelmente estagnação. Então, ao interpretar cada carta em sua posição, adicione os detalhes.

Limpeza

Limpar o seu baralho é semelhante a fazer um ritual, só que é algo você faz depois da leitura, não antes. Esta é uma maneira simbólica de livrar energicamente suas cartas de influências indesejadas e fazer o baralho retornar ao estado neutro. Você pode pegar seu baralho e colocar todas as cartas na vertical e em ordem. Passe-as pela fumaça de um bastão de sálvia ou de um incenso. Coloque as cartas junto a um quartzo branco ou rosa. Coloque o seu baralho para receber um banho de luz da Lua cheia na parte de dentro da janela.

Mantendo um Diário

Muitos tarólogos gravam suas leituras em um diário. Para eles, é uma ferramenta de aprendizado. Ao acompanhar suas leituras, você pode voltar mais tarde e ver quais predições aconteceram. Pode ver se suas interpretações foram precisas ou se você perdeu algum significado específico na leitura.

Outra técnica do diário é selecionar uma carta por dia (ou quantas vezes você quiser) e usá-la como inspiração para uma sessão de escrita livre. Nela, marca-se um limite de tempo, como cinco minutos por exemplo, e se escreve o que vier à mente sem se importar com grafia ou pontuação. Continue escrevendo quaisquer pensamentos que a carta inspirar. Após sua escrita livre, escreva o que sabe sobre o significado da carta e incorpore qualquer *insight* ou conhecimento que você tenha adquirido com a sua escrita livre.

Ao manter seu diário, você anotará todas as suas ideias, revelações e momentos de epifania. De tempos em tempos, volte e releia seu diário. Você pode se surpreender com o que aprendeu e depois esqueceu ou perceber algum grão de sabedoria que não pareceu ser tão importante na época.

Agora é hora de dar uma olhada no caderno da artista para conhecer as ideias cheias de sabedoria, lindamente escritas, sobre as cartas que ela criou de maneira tão mágica e cuidadosa.

Os Arcanos Maiores

o O Louco

$\mathcal{T}$UDO COMEÇA COM uma voz sussurrada. Um canto sinuoso percorre seus dias, seus pensamentos e acena: *Venha... venha... venha...* "Para onde?", ela pergunta, curiosa. Mas não há resposta.

Ela ignora a convocação, até que um dia o canto da sereia inesperadamente explode e a preenche por completo. Sua vibração é inegável. "Para onde?", ela pergunta novamente, e desta vez a batida constante de seu coração é a resposta.

Como O Louco, ela percorreu um longo caminho, vindo de muito distante até chegar a este pináculo que se ergue em direção ao topo do mundo e, ainda assim, sua jornada está prestes a começar. Ela sente isso instintivamente enquanto fica na ponta dos pés, presa pelo abraço ofegante do vento no momento que precede seu mergulho. Seu coração bate e palpita no peito com a força de cem asas batendo, lutando para se libertar da gaiola de seu ser, até que ela percebe que deve fazer brotar asas de seus ombros para deslizar daquele lugar, transformada.

Espere! Não! Grita uma voz fina e arrastada. *Cuidado! Perigo!* A voz tenta freá-la. *Espere um pouco!*

Desatenta, ela dá um passo à frente e ...

Significado: Ela fica à beira de um precipício muito íngreme, apenas com as fitas e as pombas a sustentando, caso ela decida pular. A raposa observa e absorve. Ela é a personificação da esperteza, no entanto ser esperta não a impede de ser tola em outro aspecto. Ela não consegue compreender o salto de fé que a mulher está prestes a dar. Então, quem é O Louco: ela, por adentrar o desconhecido, em uma atitude que parece não ter o mínimo de lógica, ou a raposa, por estar firmemente enraizada na crença do pensamento intelectual e racional?

O Louco é um símbolo para novos começos e aventuras, prazer, paixão. Ele corre à frente, precipitado, faz sem pensar, obedece aos instintos. Assim como ele, você pode ficar no precipício olhando para o desconhecido. A imensidão azul é tudo o que preenche o espaço entre o precipício e aquele solo tão distante. O terrível mergulho que irá experimentar requer certa imprudência ou um espírito aventureiro e selvagem com muita fé e conhecimento sobre o que pode e o que o sustentará e o guiará nos próximos tempos. Há inúmeras possibilidades para aquele que está buscando algo.

I O Mago

Ao vagar à deriva como uma semente ao vento, uma pena rodopiante ou uma partícula de cristal que flutua durante a condensação, a mulher vê O Mago. Ela observa o garoto que é iniciado nos mistérios dos elementos. Ele é ensinado a dominar invocações, conjurações, amarrações.

Um dia ela não consegue resistir e leva as mãos de vento aos olhos dele; ele os abre, em uma reação de sobressalto, vendo-a por um momento. "Quem é você?" ele questiona, mas tão logo o espírito se transforma em um cervo e se afasta.

Ele persegue o cervo pela floresta, mas nunca o alcança. Seus pés descalços pressionam a terra. O ar corre por seus cabelos. O Sol bate em seus ombros. A tentadora luz branca que vem do cervo corre pela vegetação e o insulta constantemente até que de repente...

Se foi. Ele está sozinho.

Sobre uma pedra, ele vê os presentes que lhe foram deixados. As relíquias dos elementos brilham à luz do Sol e, conforme suas mãos se fecham sobre as oferendas, um sorriso toca seus lábios com o poder que surge delas.

Significado: Originalidade, criatividade, habilidade, força de vontade, autoconfiança, destreza e prestidigitação. Trata-se de captar o invisível ao seu redor e usá-lo a seu favor para se tornar realidade, extraindo o inefável para o reino material da existência. O Mago recorre às representações dos elementos em relíquias: o fogo na lanterna, a voz do mar na concha, um sopro de vento nas penas do corvo e a terra nas folhas. Ele sabe o que quer e sabe que pode fazer isso acontecer com um esforço consciente de sua vontade e seu conhecimento de como manipular o mundo.

II A Papisa

A Papisa se abre para o céu. Ela se delicia com o brilho que as estrelas lançam sobre suas bochechas coradas e absorve a luz trêmula e incandescente, sentindo-a brilhar em sua mente, abrindo corredores e dançando em meio a padrões filigrana.

As estrelas cantam um cântico:

Estávamos aqui quando as montanhas eram jovens
e o mar era apenas um sonho...
vimos as colinas florescerem com incontáveis milhões de estações...
assistimos às nuvens pintarem suas visões
numa linguagem lenta ao longo dos séculos...
deixe-nos falar.

A coruja chirria na escuridão, chamando sua fêmea com a música da noite. Suas penas brancas brilham ao luar, como se a luz viesse de dentro. O macho plana em meio a escuridão para descansar perto dela.

Ao entardecer, a noite é cheia de sussurros – o conhecimento secreto das estrelas, das árvores e da terra. Os espíritos de cada um murmuram sua coleção de histórias e sua sabedoria em uma melodia sibilante.

Ela tece esses sons entre os dedos, transformando as vozes em algo físico, e em seus dedos uma chave de filigrana se materializa. Ela chama a coruja até ela. "Pegue isso e seja o portador de segredos", diz ela à ave.

Significado: Sabedoria, conhecimento, aprendizado, intuição, pureza, virtude. A Papisa ergue os braços e, nesse gesto, seu próprio corpo se torna o símbolo vivo de um cálice. A coruja é a guardiã do conhecimento e carrega uma chave para desvendar mistérios. A romã é um ícone de Perséfone, que provou as sementes e assim se ligou a Hades; é o fruto da fertilidade e da morte. As luas bordadas em suas roupas crescem e minguam, luas novas crescentes e minguantes que criam em si o ciclo completo.

III A Imperatriz

"**S**ANTA MÃE!" CLAMAM as almas errantes. "Trouxemos-vos presentes!" – dançando no céu, voam perto da Imperatriz. Elas pintam sincronizadas coreografias caleidoscópicas para seu prazer, enquanto ela sorri e contempla. Sua mente e seus pensamentos são os condutores dessa sinfonia visual.

Gentilmente, elas colocam em sua testa uma coroa tecida dos primeiros brotos da primavera. "Jasmim e Lírio do Vale graciosamente doaram seus primeiros brotos para sua coroa", suspiram os espíritos.

"O Homem das Macieiras deu a você seus frutos, e a Dama dos Campos, seus grãos". – Eles estavam na cesta.

Com um súbito floreio, os espíritos rodopiam juntos e se transformam em uma explosão de luz e música. "Adeus, cara senhora!", eles dizem.

Significado: Criatividade, generosidade, paciência, amor. A Imperatriz é sobre abundância, experimentar os sentidos, abraçar o natural. Ela é uma criadora. Ela é a Mãe, fértil e acolhedora. Junto ao corpo como se fosse uma criança, ela segura uma cesta com a generosidade da terra: frutas, feixes de trigo e flores gloriosas. Ela é a essência primordial e a personificação da vida e está profundamente ligada à natureza. Coroada de hera, ela está vestida com roupas com as cores do mundo ao seu redor.

IV O Imperador

O Imperador se lembra...

Ele se lembra de quando havia outro homem. Seria o pai dele? Um mentor? Um rei derrotado? Sua mente volta, ele se concentra. Certa vez havia outro, mas ele abandonou o orbe do dragão.

Ele se lembra de seu próprio fascínio pelo orbe na primeira vez que colocou os olhos nele – quando ele o tocou e a força da criatura interior manifestou-se em seus braços possuindo seus sentidos. *Você agora é o senhor desses reinos mortais.* Foi o outro que disse isso ou o dragão? Ele agora era o dragão!

"Sim!!!", disse ele, sabendo que seria assim.

Significado: Criação da ordem a partir do caos, autoridade, liderança, força, estabelecimento da lei e da ordem. Os entalhes na parede exibem os símbolos do domínio e da dominação. A águia ascende sobre montanhas e mar, noite e dia, governando sobre todos. As criaturas terrenas se curvam a esse domínio. Mesmo que as imagens das esculturas possam ser magníficas, ainda assim uma parede é um edifício feito pelo homem – medida e meios do homem de controlar a natureza selvagem do mundo, tentando transformá-lo em pedra imutável, desejo do homem de controlar, gravar e escrever a história de seu próprio destino. O Imperador é um homem enraizado em seus modos, opiniões e regimes, mas confiante de que essa é a estrutura e o modo correto das coisas.

V O Hierofante

"Eu GOSTARIA DE uma história", diz a salamandra ao Hierofante.

"E o que você gostaria de ouvir, pequenina?" As palavras vêm lentamente. Cada sílaba parece vir do interior, extraída de uma raiz individual. A salamandra está acostumada e mantém-se paciente.

"Quero ouvir como posso voar. Eu estava contente e então um dia minha amiga Lagarta disse que estava com sono. Ela dormiu por um longo tempo até que eu quase a esqueci – até ontem. Uma mariposa veio rir de mim. Riu com a risada da Lagarta e, com a voz dela, disse que sonhara com asas."

"Ahh". A expiração sonora parece durar para sempre. "Ah, pequenina; sinto muito. A Lagarta tem essa benção. Ela pode dormir e sonhar com um voo. Ela faz um ritual no qual tece seda ao redor do corpo e chega o dia em que essa visão a transforma. Você... "

"Também desejo sonhar com um voo!", diz a salamandra, certa de si.

"Você pode sonhar com isso", diz seu amigo e professor. "Não serei eu quem negará sua divindade. Mas saiba que sua própria divindade deve ser alcançada por um caminho diferente daquele da Lagarta. Não abandone o seu sonho, Salamandra.

Significado: As raízes do hierofante são profundas, entrelaçadas em segredos, tradições e idades. Ele acredita em ritual e cerimônia, na busca de conhecimento e significado mais profundo e na rigidez de um sistema de crenças. Ele elucida o espiritual e leva ao plano terreno. Ele é calmo e está em posse de si mesmo e é o professor que pode ajudar a desvendar mistérios.

VI Os Enamorados

Em um dos contos mais antigos, existe a Escolha: conhecimento e realização dos sentidos mundanos, ou a simplicidade de um agora perene.

Ser atraído para um abraço, buscar a união que todas as almas anseiam e desejam, conhecer a unicidade da paixão e do amor e deleitar-se nela. Seus olhos estão abertos e eles apenas se entreolham, alheios ao Sol que continua girando acima deles e à visão do céu. Nem a coroa de reis incrustada de ouro e pedras preciosas nem a coroa de camponeses entrelaçada com videiras e flores sobe à cabeça deles, pois as forças que se juntam ao seu redor não fazem distinções; de fato, seus próprios sentidos também não têm consciência disso.

"Pegue esta semente", diz ele, colocando-lhe uma bolota na palma da mão. "Regue com a fonte do seu espírito e suas intenções."

"E veremos o que cresce disso", ela responde.

Significado: União, equilíbrio, energia, fluxo, amor, desejo, paixão, fusão de coração e mente, formando uma união ou casamento. Embora possa ser de natureza romântica, não é uma verdade universal. Os Enamorados também tratam da determinação de valores e da luta com escolhas – a inocência incorporada nas rolinhas faz um contraste com a maçã vermelha brilhante no abraço da cobra, um dos mais antigos símbolos da tentação. Da mesma forma, a pura simplicidade do copo-de-leite contrasta com a complexidade exuberante e sensual de uma rosa.

VII O Carro

Ela é a Vitória Alada, a deusa Nike ou Maeve. Ela vem varrendo o céu, confiante e segura de si. Ela convocou os unicórnios do mar para fora das profundezas espumosas. Eles a servem de bom grado, curvando-se, como sempre, à sua natureza, a tal pureza de intenção. As ondas do oceano são domadas sob as rodas encantadas de sua carruagem. Cintilantes, batem e rugem com a força do mar, mas enquanto ela guia seus unicórnios pela trilha luminosa, as ondas caem diante dela e entram em um caminho espelhado, quieto e brilhante.

Essa quietude que se encontra em movimento eterno desperta a consciência nos habitantes das profundezas. Abaixo, os espíritos do oceano sussurram para o deus do mar e, num turbilhão de cores aquáticas, eles dançam à superfície para cumprimentar alguém cuja força de vontade e domínio são tão inegáveis que são capazes de superar até a fúria selvagem e natural dos mares.

Significado: Triunfar sobre obstáculos, alcançar a vitória, focar intenção e vontade, estabelecer uma identidade, autoconfiança, manter disciplina, assumir as rédeas do poder e da autoridade, dirigir com a certeza inabalável em uma causa. O controle deve ser exercido em um ambiente em constante mudança que pode e irá apresentar desafios – na paisagem de um mundo que está constantemente mudando com pessoas, emoções e circunstâncias ao redor. Como a fronteira tênue onde o mar encontra o céu, uma tensão constante de empurrar e puxar o ar contra o líquido é mantida e, para alcançar a vitória, é preciso ser capaz de alcançar a confiança e o conhecimento necessários para caminhar sobre aquela superfície frágil.

VIII A Força

O LEÃO RUGE. A terra treme e as nuvens deslizam, nervosas. O bambu balança suavemente. Os chineses conhecem a força oculta do bambu: tão frágil e delicado, mas flexível e forte. É uma força que não precisa gritar seu poder para o mundo. Balança e inclina-se com o vento, depois retorna graciosamente para a frente com um farfalhar melodioso de folhas.

Ele ruge novamente e um bando de pássaros pula de seus poleiros para voar junto ao som. A donzela dá um passo à frente. Ela é esbelta como os talos do bosque de bambu de onde ela emerge. Passo a passo, sem medo, ela se aproxima da fera. Este rei da natureza a observa, e ela o encontra cara a cara.

Uma terceira vez sua poderosa provocação ecoa nos céus, em uma reivindicação de propriedade e domínio para quem o ouve. Ela sorri enquanto se aproxima. Ao seu toque, a grande cabeça dourada se curva.

Arcanos Maiores 63

Significado: Coragem, calma, compostura, paciência, compaixão, persuasão e controle suave, força comedida. Administrar impulsos para controlar a raiva e a força em vez de ser manipulado por elas. É preciso ter fé no sucesso, embora possa não acontecer de uma só vez e não vir fácil – o leão é feroz e o fogo que ele guarda é uma chama que queima. A força deve ser moderada às vezes. Solução inabalável é aquela que se obtém ao olhar para a finalidade desejada.

Existem muitos tipos de força. Há o poder feroz e bestial, a força bruta do dente e da garra, a feroz proteção alada de um cisne para seus filhotes. Há a força constante de um carvalho brotando de uma pequena bolota que cresce em uma árvore poderosa. E existe a força do bambu, sempre balançando e internalizando forças de tudo a sua volta sem quebrar.

IX O Eremita

Ele é o buscador que virou as costas para o barulho, para a luz e para as distrações do mundo. Na cidade, a luz frágil das estrelas é ofuscada pelo brilho e pela névoa da vida.

Ele pega sua lanterna. Uma sábia mulher o havia informado de que o objeto era como se fosse uma estrela capturada que sabia o caminho de casa. O solitário raio de luz o puxa para longe dos vales e para o alto em direção à um lago brilhante cuja superfície é um espelho líquido. Sua lanterna estelar marca o caminho, e ele não sabe para onde está indo, mas cada passo ilumina o próximo, o próximo e o próximo.

Ele sobe para um pináculo distante, livre da poluição da humanidade e, conforme se retira, o ar atinge uma fragrância picante. É uma pureza que ele não sabia que havia perdido até respirá-la pela primeira vez, e então é como se o corpo estivesse doendo e não pudesse viver sem esse fôlego da vida. Outros já estiveram aqui antes dele, mas os degraus são primitivos e não há vestígios. É da natureza do lugar que cada um que venha seja o primeiro e o único e que nenhum outro pisará lá até que o visitante atual seja esquecido.

É uma longa jornada e, durante o percurso, seus olhos finalmente se acostumam à escuridão da natureza. Ele abandona sua memória da cidade. A estrela em sua lanterna brilha quente e brilhante, e suas irmãs no céu rodopiam em uma dança alegre.

Significado: Ser introspectivo, buscar solidão, afastar-se do mundo e dar ou receber orientação. O Eremita é um amigo inspirador e um professor e sua ajuda pode iluminar os segredos da própria mente. O que era misterioso pode ser esclarecido com a luz adequada para iluminar uma situação. Os mergulhões deslizam sobre asas silenciosas no horizonte, sombras indescritíveis na noite. Eles são símbolos de paz e tranquilidade, e seu chamado assombroso que ecoa através das vias navegáveis é carregado de sabedoria antiga. Os mergulhões também são respeitados por seu conhecimento do céu, do mar e das florestas e costumam ser vistos em cocares de chefes indígenas.

X A Roda da Fortuna

Os livros de histórias começam com "Era uma vez…" e depois, como um pacote bem embrulhado, chegam ao "Fim".

Mas histórias reais não têm começo nem fim. Elas não existem apenas quando os homens dizem "Existam!". Estão sempre lá, reverberando no tempo em uma dança de tecelagem. Tentamos conter o tempo com um começo e um término, colocando limites em tudo simplesmente porque nossas próprias vidas são limitadas a nascimento e morte. E assim procuramos diminuir o poder do que é imortal. As histórias reais têm um poder que vai além de tudo isso.

Os destinos tecem os fios da vida eternamente, um ligado ao outro. Corte este fio aqui e entregue-o à tapeçaria. Lentamente, à medida que o pano se afasta, as imagens surgem.

A noite segue o dia no ciclo dos céus. Os anos florescem com os primeiros brotos frescos da primavera, com a profusão sufocante de longos dias de verão, com o banho de folhas no outono e depois com a longa e adormecida espera do inverno... e assim por diante.

É um conto inexorável e atemporal.

As paredes e a beleza criadas pelos artesãos cairão um dia e novas estruturas surgirão sobre esses restos. E a sorte de qualquer pessoa, como num ciclo, pode durar um dia ou dois ou anos a fio. A mudança virá.

Significado: A Roda da Fortuna – Destino – tecelagem dos fios da vida se unindo, fado, pontos de virada, movimento e mudança, padrões e ciclos, um mundo interconectado. Os nós celtas no vitral circulam ao redor da roda como um único fio dourado, sem início ou fim. A ascensão e a queda da roda, enquanto gira, são as mudanças da vida. Se o mundo parece estar fechando e esmagando a esperança com seu peso, volte um pouco para ver a situação no todo e a recuperação que virá em breve.

XI A Justiça

𝒫ara os egípcios, quando a morte reivindicou uma alma, ela foi levada para ser julgada pela deusa Ma'at, que a pesou em sua balança junto a uma pena. Se o peso fosse inferior, essa alma seria enviada ao submundo.

Há quem diga que a justiça é cega, mas não é bem assim. Seus olhos brilham brancos, não com cegueira, mas com o branco puro da verdade. Ela vê através da mera carne, descascando as camadas de emoção, disseminação, ilusão, percepção e aquelas do coração, onde reside a consciência irrestrita. Não há esconderijo. Ela representa karma. As almas reunidas nas borboletas pairam perto e ela carrega a pena próxima de seu coração, como uma espada.

Ela julga, não com seu próprio viés ou com tons de cinza, mas preto no branco. As coisas são como são – justas, imparciais e certas – e há um equilíbrio que é alcançado quando a verdadeira justiça é feita, uma saída para o que não havia sido resolvido de forma correta.

Significado: Equilíbrio, harmonia, assumir responsabilidades, ponderar todos os lados de uma questão antes de tomar uma decisão, escolher com plena consciência. A justiça depende de uma mente lógica, capaz de tomar decisões objetivas sobre as situações e ajustar o que precisa ser reavaliado. Uma meditação sobre o correto, a moralidade e o dever, e talvez o compromisso, deve ser feita para realmente equilibrar os dois lados de uma situação. Admitir e reconhecer a verdade. Compreender os resultados de suas ações e as conexões que elas têm com tudo ao seu redor e, a partir disso, definir um caminho para o futuro.

XII O Enforcado

Nas profundezas nebulosas da floresta, ele mergulha os dedos no barro vermelho e, com uma mão cuidadosa, ele desenha padrões na pele: pelo peito, pelos braços e pelo rosto. As espirais vermelhas atraem sua mente para aquele lugar de meditação profunda, onde o pensamento se torna ação e onde a quietude fala com as vozes dos deuses.

Quando o silêncio em sua alma é absoluto, ele se levanta. Os espíritos da floresta observam ele passar, em mudo testemunho e respeito. Eles tentam tocar sua carne sagrada e cair em seus passos. Com dignidade solene, a procissão chega ao grande carvalho.

O Enforcado faz sua escolha de auto sacrifício. Ele vai de bom grado ao seu destino, desequilibra seu controle e persiste em prol das recompensas que esse familiar sacrifício pode trazer. Heras rastejam ao longo de seu corpo, amarrando-o e entrelaçando-o fisicamente à árvore até que se tornem um. Hera é o símbolo da determinação, da força imbatível e da vontade do espírito humano.

Em um eco da sua ação de fé e sacrifício, seres feéricos dobram suas asas e caem livremente de seus poleiros na árvore, confiando seus corpos aos ventos.

Significado: Deixar ir e se render à experiência e à liberação emocional. Aceitar o que é e desistir do controle. Suspender ação. Sacrifício. Odin, ao se pendurar na Árvore da Vida, Yggdrasil, em sua busca pelo conhecimento para obter as maiores recompensas, sabia que era preciso estar disposto a desistir de si mesmo. Da mesma forma, O Enforcado pede que você reverta sua visão de mundo e veja as coisas sob uma nova luz. Às vezes, é necessária uma mudança de perspectiva, algo sutil no estado de espírito.

XIII A Morte

*D*IZEM QUE O cisne é mudo a vida inteira. No limiar da morte, no entanto, ele canta uma canção dolorosamente bela que lhe rouba a última inspiração do peito para depois expirá-la com um suspiro final. É a música mais triste e dolorosa sobre o fim.

Mas, perto da canção da fênix, a do cisne não tem comparação. Quando a fênix vê a morte acenar, ela levanta a voz em um trágico canto de dor, rasgando-se de tristeza que, ainda assim, não consegue mascarar a mais intensa das alegrias, pois ela sabe que enquanto as chamas ardem em seu coração, o calor está acelerando o desenvolvimento do ovo em que seu sucessor dorme. A chama da morte é sua fagulha da vida; uma está intimamente ligada a outra. Ela estava ligada ao seu antecessor, assim como o dela a ela, e assim sucessivamente, desde o começo dos tempos. Ela se senta no leito de morte, em seu ninho, e se submete à mão inevitável do destino. Enquanto o fogo queima quente e branco, ela abre as asas e respira em sua última canção de expiração.

Significado: Fechar a porta do passado e abrir uma nova, passar pela transição, mudar de status, abandonar o velho e o excessivo, curvar-se a forças inexoráveis e mudanças radicais. O velho deve ser deixado de lado e queimado para dar lugar ao novo. A antiga história da fênix é ecoada e repetida em várias culturas. Ela é a morte, o renascimento e a vida, encapsulados em um único símbolo. As íris, ou lírios, são associadas à morte, tal como Íris, a deusa grega do arco-íris, que costumava viajar à terra com mensagens dos deuses e transportar as almas das mulheres para o submundo. A beladona é uma planta altamente venenosa, símbolo de decepção, perigo e morte. Em suma, na linguagem vitoriana das flores, significa: "Eu sobreviverei à mudança".

XIV A Temperança

$\mathcal{E}$LA SE RECOLHE e procura seu centro, buscando em si aquele lugar de equilíbrio. Em seu interior, ela sente o dragão e a fênix se mexendo. Eles se entrelaçam e se abraçam em uma sinuosa torção de escamas e penas até parecer que um derrete no outro. Eles se enrolam em uma eterna batalha pela supremacia, coreografada em uma elegante valsa de dar e receber, empurrar e puxar. Eles rodopiam sobre ela em um turbilhão que agride os sentidos. Como um maestro, ela vigia e põe rédeas em uma ou outra quando sente algum desequilíbrio para manter a harmonia.

Céu e Terra, fogo e água, homem e mulher, crescente calor do verão e ventos frios do inverno diminuindo: esses opostos fluem um para o outro num cíclico e infinito empurrão de yin e yang. Eles estão perfeitamente equilibrados um contra o outro e recebem propósito e definição pela existência de extremos opostos.

Sem água, o fogo, completamente incontrolável, consome tudo, causando eventualmente uma terrível conflagração. E, sem fogo, as águas estão sem luz, afogando-se, inundando até haver apenas um espelho silencioso de vazio. Ao definir os limites um do outro, ambos ficam imbuídos de vitalidade e se tornam doadores de vida, regulados para coexistir no equilíbrio certo, pois muito de um pode sufocar o outro.

Significado: Harmonia e equilíbrio, equilíbrio de opostos, cura. Moderação de extremos, autocontrole, aproveitamento de forças absolutas e controle para que sejam exercidas com um objetivo. Ao manter os opostos separados um do outro, nega-se seu poder de unidade. Ao reuni-los para mesclarem-se moderadamente e entender o que um confere ao outro, uma bela síntese pode ser criada. Às vezes, tudo o que mantém os dois separados é um muro de crenças. Ser flexível e entender que há mais de uma maneira de perceber o mundo pode ajudar bastante a derrubar esse muro invisível.

XV O Diabo

$\mathcal{E}$La sente as paredes se fechando sobre si, alheia ao fato de que não está completamente cercada – há um mundo aberto para ambos os lados! Os céus choram com canções de beleza e liberdade, mas ela abaixa a cabeça para se esconder com medo, presa dentro de paredes e algemas, sem saber que o que a prende é apenas um fio fino, vermelho como o sangue do coração, e que a chave está tão perto... muito perto. *Olhe para cima!* Você deseja chorar por ela. *Levante os olhos e olhe em volta!*

Mas seus ouvidos são surdos a qualquer voz que não seja a do Diabo. Tudo o que ela ouve e sente é O Diabo dançando sobre dela, dirigindo-a, incitando-a, pressionando-a. *Tap tap tap,* dança ele com seus cascos em um ritmo alegre e zombeteiro. *Tap tap tap,* nos padrões sedutores de aprisionamento àqueles que se dispõem a isso. *Tap tap tap,* ele dança e ri sabendo da facilidade que é manter um espírito vibrante em cativeiro.

Olhe para cima! Fracamente, a voz atravessa as pedras e penetra em seu corpo... e ela a alcança.

Significado: Perder independência, vício e escravização, aprisionar-se no reino material, excesso de indulgência, escolher permanecer no escuro, prazeres, luxúria e desejo. Sentir desesperança, fechar-se e limitar as opções. O Diabo brinca com seus desejos com um toque magistral. Liberte-se das cordas de marionete e olhe além dos bloqueios e das tentações materiais.

XVI A Torre

UMA SEMENTE CAI ao vento, depositada levemente no chão. Dela, uma árvore se enraíza. À medida que os anos passam, ela cresce – um rebento fino, brilhando com vida verde. E os anos transformam – grandiosos e imponentes galhos chegam ao céu, desafiando o paraíso. E os anos mudam – é poderosa entre gigantes. Amorosamente trabalhada, a madeira viva e as hortaliças são a obra-prima da natureza.

Os pássaros vêm descansar em seus gloriosos membros, alegres e cantando canções inspiradas no calor do Sol, na corrente do vento e nos céus sem fim. Homens e mulheres vêm dormir em sua sombra aveludada e manchada e sonham com água corrente, barro escuro e macio e um lar. Mesmo nas profundezas do inverno, tão espesso e fixo, seus galhos e folhagens se tornam um abrigo para qualquer viajante, homem ou animal – um refúgio para quem passa.

E os anos mudam – e ela está aqui para sempre, estabelecida e profundamente enraizado. Seus galhos tocam a abóbada do céu, roçando as estrelas levemente e acariciando a Lua enquanto ela passa. Suas raízes chegam à terra para envolver a pulsação que treme na escuridão das profundezas.

E então, com uma reviravolta tão fácil quanto agraciar esta árvore com múltiplas bênçãos, a Natureza rescinde seu presente. Ela joga uma lança terrível do céu. O que levou séculos para crescer de uma minúscula semente é destruído em um instante, em um arco mortal de um relâmpago ofuscante, belo e ardente.

Desmancha.

Destrói-se em chamas.

Despedaça-se em lascas.

A terra desmorona com os tremores do golpe.

Significado: Catástrofe, mudança repentina, crise, liberar toda emoção, sofrer um golpe no ego, revelar e ver através de ilusões. Uma interrupção necessária ao *status quo* – agitação violenta e explosiva como a única maneira de romper os padrões estabelecidos há muito tempo. Fantasias destruídas pela mão dura e brutal da realidade. Fazer uma separação limpa e absoluta do passado. É hora de reavaliar estruturas e crenças.

XVII A Estrela

RASTROS DOURADOS DESLIZAM sobre correntes e as estrelas da noite surgem reluzentes.

Não há Sol. Não há Lua. Na quietude silenciosa da noite mais escura, há apenas uma trilha de estrelas brilhantes como diamantes sobre o tapete de veludo do céu. O rio da Via Láctea despeja através dos céus em uma cascata estelar, e ela desce para onde o rio celeste corre, em direção às águas terrestres prateadas.

Água, terra e ar se tornam um elemento único em sua presença. Anda em um, nada no outro, não importa qual; eles são como ela quer que sejam.

Ela dança, mas seus pés são tão leves que há apenas uma mínima perturbação de ondulações em sua pista de dança aquosa. Ela dança a coreografia que as estrelas criaram em seus milênios admirando a Terra. É uma homenagem silenciosa ao espírito ardente que eles testemunharam. É a dança e o fluxo da vida humana condensados em pura essência de beleza dolorosa. É a esperança transformada em uma forma visual.

Ela estica e estica, oscila e arqueia, salta para impossíveis alturas no tempo em um ritmo que pulsa silenciosamente das estrelas sobre ela. Uma cascata de gotas do rio espirra diante dela rodopiando. Onde cada gota cai, uma gavinha florida brota lentamente.

Ela dança incansavelmente durante a noite. Mesmo não sendo humana, ela ainda incorporaç. a humanidade em seu próprio ser. Quando o brilho do amanhecer toca o céu oriental, ela aperta com força sua capa prateada. Há um cansaço repentino em seus olhos cercados de triunfo. Ela sobe no tapete ondulado da Via Láctea, de volta para as irmãs estrelas da noite, onde elas brilham e esperam a próxima noite para dançar novamente.

Significado: Recuperar a esperança, a fé no futuro, a inspiração. Encontrar o lugar calmo e silencioso em seu ser, serenidade, tranquilidade em meio a problemas, harmonia, oferecer sem reservas, compartilhar e ser generoso. A dureza da luz do dia ou mesmo da Lua se foi e não há nada além dos olhos calmos e sem julgamento das estrelas. Existe uma paz nisso, um espaço para acolher, preparar e elevar o espírito. Solte dúvidas e medos no abraço da noite. As estrelas sempre foram símbolos de orientação e esperança, uma luz para levá-lo para casa. A carpa, peixe resiliente, simboliza força, perseverança, coragem e determinação do espírito. Os crisântemos, comumente representantes da longevidade, também são símbolos de esperança.

Vós, anõezinhos brincalhões, que círculos, à luz do luar, traçais de ervas amargas, que as ovelhas recusam; e vós outros que criais por brinquedo os cogumelos noturnos...

Shakespeare, The Tempest (Ato V, Cena I).

XVIII A Lua

$\mathcal{O}$ OLHAR ATENTO DO Sol se fechou aquele dia e a severidade que brilhava sobre o mundo é borrada e apagada. A Lua surge diante de seu domínio para espionar aqueles do submundo que começam a emergir. Um anel de fada de cogumelo brilha forte naquelas ondas suaves e prateadas. À medida que os momentos passam e o crepúsculo se aproxima, elas brilham cada vez mais com sua própria fosforescência para iluminar o caminho da Rainha das Fadas.

"Ela vem vindo!", gritam os seres feéricos ao vento, com vozes tão amáveis que deixam os mortais loucos de desejo. "Abram caminho!", dizem os fogos-fátuos, correndo pela floresta. Eles brilham para provocar e desviar qualquer humano que possa estar passando, mas não há bonecos humanos para eles se apoderarem esta noite. As dríades entrelaçam as mãos entre as bétulas cinzentas e soltam suas folhas enquanto avançam para serem criadas da rainha que se aproxima. Enquanto ela plana pela floresta, anêmonas saltam sob seus pés descalços e ela sorri ao iniciar sua dança.

Abram caminho! Abram caminho!

A noite fascina;
E o dia não mais domina!

Venha nos ouvir cantar, com boas gargalhadas:
sem tristeza aqui, ou pensamentos atrasados,
sem segredos guardados, ou mistérios procurados,
pois tudo o que é forjado no anel das fadas
é abandono selvagem.

Faça dos sentidos canções ritmadas!

Significado: Medos e ansiedades, acreditar em ilusões, sofrer distorções, perseguir fantasias, sonhos e visões, desorientação. Os seres feéricos são magistrais nas artes da ilusão, e os perigos de entrar em um anel de fada de cogumelo são bem conhecidos. A Lua é o reino além do conhecido, do confortável, do previsível. É o outro mundo, impressionante e inspirador por si só, assustador e perigoso, se desrespeitado. É fácil ser o viajante rebelde que se distrai com os fogos-fátuos e se perde no caminho, vagando pela floresta; contudo, se mantivermos a inteligência, um vislumbre, além dos limites da realidade, iluminado pelo Sol, será o mais honroso e inspirador dos encantamentos. É uma porta para incógnitas ocultas e a fonte de um misto de escuridão e luz que brota dali. Esse é o presente da Lua.

XIX O Sol

Em uma labareda de ouro líquido que flui pelo céu, o Sol nasce. Ele é a estrela brilhante do dia que bane a fina luz de seus irmãos noturnos durante o rico brilho do amanhecer.

O Rei dos Pássaros emerge de seu ninho adormecido como a névoa da manhã nasce em ondas nebulosas do chão úmido de orvalho. Suas penas brilham iridescentes sob a rosada paleta do amanhecer tingida pelo calor da luz. Seu companheiro surge, e juntos eles voam pelas terras de seu domínio. Eles deslizam pelos vales, ouvindo os sons que sobem dos trabalhadores nos campos, e voam alto insultando montanhas com pinceladas indescritíveis de penugens nos picos mais elevados.

Os habitantes do dia acompanham o momento de deleite aviário. Os pássaros mergulham no céu, seguindo o halo solar em sua jornada para o horizonte ocidental.

Do campo de pousio e do vale verdejante,
de praias ensolaradas com grãos de diamante,
e trilhas iluminadas pela Lua caminham como veias
através da montanha, do rio, passado o fim
onde o céu é apenas um véu fantasmagórico
que o Além transcende...

Convoco todos os parentes alados
deste horizonte até os limites
do que é sonhado e tudo ao redor!
As vozes das canções proibidas
vão espiralar e centralizar-se
para cair onde elas pertencem!

Significado: Iluminação e compreensão, glória, obtenção de destaque. Constante renovação da vida, vitalidade, preencher-se de alegria e energia radiantes, revigoramento e boa saúde. Estar cheio de garantia e confiança, ter clareza de visão e propósito iluminado pela luz do dia. Desde os tempos das civilizações antigas até o presente, o Sol sempre foi um símbolo de vida e crescimento. Foi associado ao longo dos tempos a deuses e deusas vibrantes – jovens, gloriosos e radiantes, cheios de vigor e esplendor ardente. A força e o poder dos deuses se espalham pelo brilho nutritivo do Sol.

XX O Julgamento

𝒰ᴍ ᴀɴᴊᴏ ᴛᴏᴄᴀ a trombeta anunciando o Dia do Julgamento. Que todas as almas se elevem a esse chamado e exponham suas ações para serem vistas e julgadas por todos. Que o espírito seja preenchido com luz e fogo ardentes, para ser purificado.

Chega um momento para todos em que uma contabilidade deve ser realizada. É hora de rever a vida que passou, reconhecer e avaliar erros com uma mente imparcial e honesta consigo mesmo. Toda ação tem como resultado, para o bem ou para o mal, ser recompensada ou suportar a necessidade de absolvição e perdão, limpeza e expiação. Junto a isso está a transição para a próxima fase, um renascimento e uma folha em branco para começar de novo.

As papoilas vermelhas são um símbolo do sono e da morte, às vezes são uma oferta dos mortos. Como sangue, sua cor mancha os campos, brilhantes e bonitos. Nessa vastidão vermelha e dourada, repleta de vida, delicadamente balançando, borboletas voam para levar os espíritos adiante na metamorfose da alma. A ampla liberdade e o infinito azul do além aguardam.

Significado: Liberação e renovação, absolvição, o frescor de um novo amanhecer, um novo começo. Fazer juízo, embora possa ser duro e difícil de encará-lo; indispensabilidade de escolhas difíceis. Enfrentar decisões, reconhecer a necessidade de perdoar. Despertar espiritual. Mistério do nascimento e da morte. A voz do destino convoca você. Ouça esse chamado inegável e seja atraído para que haja de acordo com ele, sabendo o que deve ser feito.

XXI О Миндо

O MUNDO ENVIA ONDAS vibracionais numa afirmação de toda a vida que ele possui e de toda a morte que passa. Folhas, árvores e cada criatura – desde os menores insetos até grandes baleias cantantes – tecem padrões quando nascem e morrem em um ciclo que vibra em uníssono num único batimento cardíaco gerado por um poderoso condutor. Uma harmonia maravilhosamente diacrônica. É a essência do equilíbrio, uma unidade de partes díspares.

Ela coloca a coroa do discernimento levemente em sua testa e usa o cinto da verdade. Alcança seu interior e sente a linha da vida à qual está conectada. Ao encontrá-lo, sente uma presença tangível em seu coração, delicada, mas forte. A rede brilhante de conexões estende-se do coração e sai para o éter. E então ela estende a cabeça, acima, para o alto! Ela se sente em harmonia com os pássaros voando, conhece o alongamento e a tensão dos músculos das asas flexionando e equilibrando-se com o vento, conhece o beijo da luz do Sol em suas folhas e galhos estendidos e sente a lenta erosão da água na pedra ao longo dos milênios.

Não há passado, presente ou futuro, pois esse batimento pulsou desde a primeira faísca do universo, e vai bater até o fim dos tempos. É um momento eterno do Agora e a rede cintilante de conexão vibra gloriosamente quente em suas veias. Com uma clareza repentina, ela sabe naquele instante que é abençoada.

Arcanos Maiores 115

Significado: Satisfação e paz de espírito. Uma conclusão bem-sucedida e um fim à vista. Alcance do equilíbrio, fusão e mistura para reunir em uníssono as múltiplas canções da vida. O Mundo é uma carta de objetivos realizados e prosperidade. É um estado de conclusão, mas não sem uma parcela de envolvimento de trabalho duro e metas a serem alcançadas. Quando os objetivos são alcançados, há um espaço, um sopro silencioso de um momento no tempo em que um sentimento de satisfação final se espalha pela consciência – o culminar de muito trabalho. É um momento maravilhoso e precioso ver seus sonhos se tornarem realidade e conhecer o tesouro indescritivelmente mítico prometido nos contos de fadas: o desejo do coração.

Bastões

Bastões é o naipe do elemento fogo

118 ShadowScapes Tarô

Ás

É a possibilidade de criatividade, emoção, aventura; um desafio para avançar com coragem e confiança.

Plante o bastão firmemente no chão e veja-o brilhar com luz vermelha. Como resposta de uma impressionante pedra de sílex, a inspiração brota dessa iluminação. Espíritos e silfos são retirados de suas habitações. À luz comum, eles se escondem, indistinguíveis de folhas, galhos, pedras e céu. Nesse brilho, eles escorregam e esticam suas asas, pressentindo que algo está começando. Uma faísca foi acesa. Um desafio foi sussurrado. Um convite foi estendido nesta hora do amanhecer.

Uma vez aceso, o fogo é imprevisível e difícil de controlar. Uma energia não contida pode se tornar um incêndio violento. Aproveite esta oportunidade selvagem e sinta a glória das chamas.

São seres de fogo e guardiões dos bastões: as raposas, os gatos e os leões. Eles brilham com as faíscas do intelecto e da inteligência, seus corpos são como projéteis que se lançam pelo mundo com a chama ardente de um espírito feroz e forte.

120 ShadowScapes Tarô

Dois

Ela examina as terras que estão diante de si. Este é seu domínio. Ela governou tudo o que os olhos podem ver deste ponto de vista elevado, assim como seus antepassados. Por um momento, sua visão nubla e ela tem uma revelação do que poderá realizar nos próximos anos, tendo recebido esse poder. Por fim, esta é a chance de realizar seus sonhos e construir a realidade que ela há muito imagina para essas terras. Ela sabe que precisa conduzir as rédeas do poder com força. Deve ser ousada, certa e inabalável no caminho que ela traça para o seu povo, pois há aqueles que seriam rápidos em atacar e tomar o seu lugar, caso fosse detectada alguma fraqueza.

Sua companhia, o leão, conhece seu lugar como rei dos animais. Ele personifica coragem e autoridade. Do alto, ele corajosamente olha para quem se atreve a desafiar os dois. Ele levanta a poderosa cabeça, sacode a juba flamejante e crepitante e seu rugido soa pelo do vale como se quisesse marcar as extremidades mais distantes de seu domínio com o alcance de sua voz.

O Dois de Bastões é o emblema do poder e da influência pessoal, da autoridade e da coragem. É hora de ser ousado e inventivo e não se coibir de fazer o que é necessário e ter cuidado para não deixar a intoxicação do poder obscurecer a mente e o julgamento.

Três

$\mathcal{E}$STA É A ponte que se estende até a extremidade do mundo. Seus degraus mais baixos acenam para que os corajosos e os curiosos subam e iniciem essa jornada. A ponte arqueia através do céu, mas não vai muito longe. Ela fica lá na beira e se pergunta para aonde ir depois dali. O Sol acima deslumbra seus olhos e brilha em uma faixa cintilante de luz ao longo do rio que corre pelo desfiladeiro logo abaixo. Há uma qualidade cristalina e atemporal no ar nesta altura que, carregado de estática, acende o todo o potencial que ela sabe que possui e que está esperando por ela aqui. Cada respiração resfria e emociona.

Ela vê os bastões daqueles que vieram de tão longe antes dela, e talvez daqui tenham voltado, assustados com o que poderia ser o próximo passo. Ela faz uma pausa, não olha para baixo, e avança para o que parece ser um espaço vazio. Ela sente um xisto de rocha robusta se materializar sob seus pés e percebe então que toda essa ponte foi construída pelos passos e pelos sonhos dos outros. Ela pega fôlego e começa a dar seus próprios passos – ela dá o próximo passo, e o próximo, e a ponte começa a crescer sob seus pés.

O Três de Bastões convida você a explorar, procurar o desconhecido, expandir seus horizontes, ter uma visão ampla das situações e expressar liderança.

Quatro

A PRIMAVERA CHEGOU E as flores estão florescendo! As rosas exalam seu doce perfume como um convite para os habitantes dos reinos das fadas. O chão treme quando os unicórnios do leste, os *kierun*, avançam para atender ao chamado e liderar os anfitriões das fadas neste passeio de comemoração. O frio deixou o ar, mas essa pausa é apenas um momento para se desfrutar para que o um trabalho maior se inicie. Até lá, esse tempo deve ser aproveitado ao máximo.

Os arautos erguem suas trombetas e o clarim ecoa até o amanhecer. O vento emaranha-se em crinas e asas e os segue. Eles correm cada vez mais rápido, até o mundo virar um borrão de cor e, então, com um grito de júbilo, eles saltam no ar e cavalgam pelos céus.

O Quatro de Bastões pede celebração. Sucessos iniciais trouxeram esperança e alegria ao ar. Tem-se harmonia e paz. No entanto, uma vez atingida, essa prosperidade deve ser mantida. Reserve um momento para respirar e desfrutar, mas esteja preparado para continuar com o trabalho que chegou nessa fase. O fogo deve permanecer aceso. Deve ser alimentado constantemente para manter a chama acesa e não deve extinguir-se em brasas. Abandone as limitações e adote a liberdade que está sendo oferecida.

126 ShadowScapes Tarô

Cinco

Na vanguarda do bando, a lebre vai para longe, passa correndo por pedras e árvores e desliza sob galhos. Suas patas marcam o chão em uma corrida cheia de adrenalina, com suas veias pulsando sangue vermelho vivo – farejado por seus perseguidores. Isso os leva a um frenesi enquanto correm atrás daquela porção ilusória e pálida. Eles correm na mesma direção, quase subindo nas costas um do outro, em seus esforços como caçadores, saltando loucamente do topo dos bastões pelo ar. Cada um por si!

E, em meio àquela da batalha de pelos manchados, ele surge e os reprime. Eles fazem tudo o que podem para obstruí-lo, como se pelo mero prazer do conflito. É como nadar contra a correnteza com uma onda poderosa. A exaustão queima músculos e pulmões. Às vezes, há uma voz fina de dentro que pede: "Deite-se. Deixe a onda de conflitos chegar e passar." Mas não, fazê-lo seria como ser levado pela correnteza. Ele não vacila. Sente seu próprio pulso esquentar com a excitação desse conflito, uma luta árdua de obstáculos que ele atravessa. Ele se sente um pouco como a lebre, lutando para atravessar e chegar ao seu refúgio. No Cinco de Bastões, às vezes parece que o mundo lança dezenas de obstáculos em seu caminho. Quando reunidas, essas pequenas obstruções se tornam uma parede esmagadora, difícil de se superar, mas que impulsiona e desperta adrenalina no corpo para enfrentar o desafio. Reaja a esse desafio não com desespero, mas com o vigor renovado. Aprecie os pontos fortes desconhecidos que surgem quando se é confrontado pelas adversidades.

Seis

ELE SE PÕE sobre o leão de pedra, símbolo de reis e imperadores, e proclama sua ascensão com uma declaração triunfante. Até o leão abaixa a cabeça e fecha as mandíbulas ante este vencedor, mantendo-se quieto e submisso. Ele segura o bastão como um cetro e levanta a coroa de louros, pois sabe que sua estrela está subindo e desafia todos a encará-lo. Ele viu muitos adversários irem e virem – tolos e corajosos cavaleiros, espertos que pensavam poder enganá-lo, famosos com seus seguidores e os que estavam cheios de bravatas, mas pouca habilidade. Ninguém foi capaz de superá-lo.

Orgulhoso e arrogante, ele está confiante em suas próprias forças e habilidades, certo de que não há ninguém que se iguale ao seu poder. No entanto, ele alcançou essa posição lutando contra as massas e sendo distinto – talvez o único adversário que o derrote finalmente ainda esteja esperando o momento certo, em seu próprio tempo, para derrotar este rei excessivamente confiante.

O Seis de Bastões simboliza vitória e triunfo, aquele que prevaleceu e superou muitos obstáculos para sair por cima. Contudo, você deve tomar cuidado com a presunção, a arrogância e a lassidão que a vitória incontestada pode trazer e não se perder na autoimportância.

130 ShadowScapes Tarô

Sete

A RAPOSA ENFRENTA UM texugo enquanto seus filhotes assistem sob a proteção de sua cauda. Os inimigos se rodeiam e se avaliam. Um beliscão aqui para testar a rapidez da reação; um golpe ali para pressionar as defesas. A raposa rosna e se lança para a frente, visto que ela tem uma ninhada para proteger e não falhará! O medo por seus filhotes queima em seu coração. Suas ações são por necessidade, não apenas coragem. Entretanto é ainda mais virtuoso por ser um ato desinteressado, sem um emaranhado de pensamentos e justificativas. Sua mera crença a faz lutar dez vezes mais ferozmente e com uma força ardente.

Os bastões de bambu significam força e fortaleza. O bambu possui uma fina flexibilidade uma vez que se balança ao vento e não se quebra. Ele cresce tenazmente junto a multidões de caules em todas as direções para melhor competir pelo Sol e pelo espaço.

O Sete de Bastões representa se posicionar, defender o que você acredita. O mundo está cheio de conflitos e forte concorrência e é preciso ter coragem para enfrentar as dificuldades que surgem. Não se feche sob um vento forte, balance como o bambu. As probabilidades aparentemente intransponíveis podem ser superadas com fé e coragem.

132 ShadowScapes Tarô

Oito

Ela coloca seu bastão à sua frente, passo a passo, até o topo da montanha. Os dentes-de-leão jogam aquênios com cerdas rendadas nos dois lados do caminho. Ela se lembra de como uma amiga de infância os chamava de desejos e de que pegar um e soprar uma miríade de sementes ao vento enviaria esse desejo. Quanto mais aquelas cerdas viajavam, mais poder para a verdade e a realização elas ganhariam.

Ela se abaixa para pegar um. Com um suspiro, ela envia as sementes para seguirem seu próprio caminho. É o fim da flor adorável que floresce tão delicadamente em esferas elaboradas de etérea beleza e o começo de um novo crescimento. As sementes rodopiam nos ventos selvagens – à mercê da entropia, navegando com o propósito que a natureza lhes conferiu com o dom de delicados filamentos. Navegue para longe e além e então comece a crescer para se tornar uma árvore poderosa!

O Oito de Bastões é o começo de uma longa jornada em direção a uma meta. Uma grande promessa está próxima e acelera em direção à recompensa com esperança e impulso.

134 ShadowScapes Tarô

Nove

As SENTINELAS VIGIAM do alto, sempre cautelosas, sempre vigilantes. São os eternos guardiões que se defendem contra as incógnitas ocultas no abismo – talvez seja apenas luz, névoa e o topo do mundo, mas eles ainda não se aventuraram para ver com seus próprios olhos. Só sabem que foram encarregados de vigiar, olhar fixo a oeste, onde a luz desaparece a cada dia que morre.

Quando os últimos raios disparam e o clarão verde se despede do Sol, o que virá do abismo da noite? Suas forças podem suportar o ataque? Elas ainda não foram testadas. Todos os dias, quando o crepúsculo aparece, eles esperam seu inimigo sem nome e olham para a escuridão ocidental se perguntando se essa será a noite em que ele voltará. É fácil ter orgulho, postura e atenção quando a força do Sol brilha sobre seus ombros. Difícil é se manter assim no silêncio do crepúsculo. Mas eles mantêm a verdade, pois sabem que um dia serão necessários.

Vigilância é a palavra de ordem para o Nove de Bastões. Ele exorta você a manter a força em reserva e a estar sempre preparado para qualquer eventualidade. Retenha um núcleo de poder e, mais importante, saiba o que é essa força interior, pois, às vezes, possuímos uma capacidade de suportar dificuldades que não são evidentes até serem testadas. É fácil, porém, relaxe e se permita perder um pouco a vantagem enquanto o desafio não aumenta com a rapidez ou a frequência esperada. Manter essa acuidade pode ser o desafio mais difícil de todos.

Dez

Essa dríade carrega o peso do que parece ser um mundo em miniatura em suas costas. Seus galhos estão pesados, inclinados sob as estruturas pesadas. O apoio e o bem-estar dos seres que habitam essas torres são responsabilidade dela ao nutri-los com o fluxo da seiva da vida através de seus galhos e folhas. Suas almas são as canções que espiralam pela folhagem de seu coração. Mas o frio cinzento penetra em suas raízes, um fardo pesado para aguentar. Ela se esforça para subir em direção ao Sol em busca do fogo que pode ajudar a sustentar os tempos sombrios.

O fogo dos bastões está queimando baixo e parece que restam apenas brasas do grande forno que rugia. Tantas demandas e dependências! Ela luta e tenta manter a cabeça erguida, mantendo-se nesse centro de criatividade e nutrição.

Atarefar-se, assumir coisas demais, sobrecarregar-se com responsabilidades, ser responsabilizado, fazer as coisas da maneira mais difícil. Talvez aqueles pequenos seres que vivem entre seus galhos não precisem de vigilância e nutrição constantes que ela acredita que devam ser seu dever. No entanto, livremente, o fardo é assumido de bom grado e ela sabe que tem forças para suportá-lo e florescer.

138 ShadowScapes Tarô

Pajem

A música é a linguagem universal da humanidade.
– Henry Wadsworth Longfellow

Com confiança e uma alegria pueril, ela toca seu instrumento, enviando sua mensagem. As cadências dançam em melodias rodopiantes uma canção de confiança e segurança. As batidas estridentes marcam um ritmo rápido, irresistível para quem ouve. Ela sorri sabendo que ela é o centro das atenções ao atrair todas as criaturas da floresta. A excitação preenche o ar e a exuberância tira o fôlego.

Do éter e dos reinos inferiores,
do céu e do mar, venha para o meu lar!
Convoco todos a atender este chamado:
Corra até mim! Venha correr, nadar, passear!

O Pajem de Bastões é criativo e apaixonado. Ele é espirituoso, carismático e sincero com sua filosofia. Conhece sua mente e é correto quando tem uma opinião. Pode ser um professor, ansioso para transmitir o núcleo de conhecimento que possui. Inventivo, ele é a centelha ardente de iniciativa e desafia você a se aprofundar e procurar as oportunidades que podem ser assustadoras, mas que têm muito potencial. Às vezes, as ações que levam você aos limites do conforto são as mais gratificantes. Ele diz para você fazer e não se acomodar apenas com o desejo mudo. A ação é o que importa. Você pode ouvir a música dela tocando em seus ouvidos? Você pode ouvir sua doce sedução cantando com a voz do impulso?

Cavaleiro

O Cavaleiro de Bastões indica mudança e progressão em direção a uma meta. Ele é um indivíduo cheio de ousadia e paixão. Seu espírito está em chamas com o traje ígneo de bastões. E, como o fogo, o pelo brilhante e tigrado de sua montaria de leão e suas raposas, que correm na floresta em bando, flamejam pelas árvores. Similar a dedos, o vento passa em onda por seus cabelos e ele sorri com a alegria daquela sensação e com o poder inerente aos músculos do leão, que se contraem e alongam sob ele.

Este cavaleiro está em uma jornada de aventura. A emoção flui em sua trilha. Ele não necessariamente a busca, mas sua presença, invariavelmente, gera rivalidade e conflito, talvez por causa de sua atitude arrogante e autoconfiante. Às vezes, sua natureza agressiva pode ser vista como excesso de confiança, impetuosa demais.

Ele é um cavaleiro com o coração de um leão em chamas e a esperteza faiscante de raposas, embora nem sempre sua sabedoria resulte disso. Ele imprudentemente monta colidindo com o mundo, saltando de penhascos em atos heroicos em direção ao seu destino. Uma visão maravilhosamente audaz para vislumbrar quando ele passa. O destino, a fé e a pureza de seu objetivo faíscam com um brilho efervescente nos olhos, de modo que talvez ele não perceba as flores que pode pisar ao longo do caminho em seu mergulho de cabeça. Fique alerta antes de permitir que o temperamento selvagem e a energia flamejante desse cavaleiro causem discórdia e interrupção.

Rainha

O PELO MALHADO DAS raposas correndo pelas sombras a rodeia. Eles a assistem junto a outros habitantes da floresta que são atraídos pelo canto da harpa que a rainha toca. Ela brilha na luz do meio-dia. Sua presença é como uma chama branca e quente que irradia com o calor de seu espírito. Os dedos da Rainha de Bastões dançam pelas cordas e ela abraça a árvore que é ao mesmo tempo seu público de dríades, seu instrumento e seu bastão vivo.

A Rainha de Bastões é dedicada, envolvente e atraente. Ela é sempre alegre e otimista e conhece o papel de uma rainha e o desempenha com perfeita segurança e calma. Ela está acostumada a ser o centro das atenções e sabe que isso é natural. Sua presença exala confiança e conhecimento para que ela possa lidar com qualquer coisa e qualquer pessoa. Não é arrogância, mas a compreensão e o reconhecimento de suas habilidades. É fácil que seus encantos se voltem para propósitos mais sombrios de engano e manipulação, por isso ela se protege contra essa tentação.

Hipnotizado por isso, o mundo fica em silêncio para ouvi-la, vê-la e banhar-se em seu esplendor. Sua existência exuberante canta enquanto suas mãos dançam, dedilhando e deslizando sobre a harpa viva.

144 ShadowScapes Tarô

Rei

$\mathcal{E}$LE ELEVA SEU povo como uma tocha, um farol de fogo e luz. Ou talvez ele próprio seja aquele farol, brilhando como ele faz com o fogo que queima dentro de seu peito e como a coroa que marca sua testa. Ele levanta a tocha ardente para iluminar o caminho e avança. O chão muda e os habitantes da floresta se afastam. As árvores se abrem diante dele, levantando seus galhos para abrir caminho para sua passagem. O ambiente muda para sua vontade e obedece a seus desejos e comandos não ditos.

O Rei de Bastões é carismático. A força de seu encanto é irresistível, de tal forma que o mundo todo parece moldar-se aos seus desejos e curvar-se à sua vontade. Ele é uma fonte de inspiração e sustenta seu manto de autoridade com facilidade, como se tivesse nascido para isso. O elemento fogo é intrínseco a ele, brilhando dentro de si, ardendo em seu sangue, em sua voz e queimando tudo o que seu olhar toca.

Ele tem o espírito do leão dentro dele: orgulhoso e feroz, dominante e sem medo de perseguir o que deseja. Ele entra em ação com a confiança, a força e a graça daquele grande animal. É ousado e não se arrisca a seguir caminhos novos e perigosos.

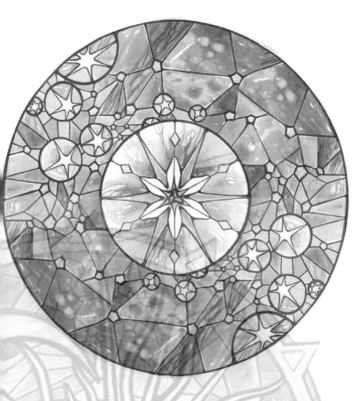

Taças

Taças é o naipe do elemento água.

Ás

Uma gota inicial de água cai sobre a superfície lisa e cristalina de um lago. Há uma ondulação quase imperceptível que começa a se espalhar em anéis em expansão. É como a indiferença de um pequeno terremoto que envia um tremor pelas águas do oceano para culminar em ondas quebrando em uma costa distante. É a primeira agitação da emoção, da compaixão e do amor, da intimidade e da sintonia – essa minúscula gota de potencial se unirá a um rio de todas as outras gotículas misturadas da humanidade, todas correndo juntas, fluindo em um vasto mar de turbilhão de emoções.

A superfície imóvel da água em um naipe de taças é como uma vidraça espelhada. Mergulhe nessas profundezas cristalinas, preste atenção às pontadas da intuição e depois levante a taça e beba profundamente. Este Graal brilha com uma luz de entendimento e conhecimento interior.

Estes são os guardiões das taças: os habitantes das profundezas, os peixes e os antigos espíritos do mar. Eles nadam com uma fluida graça através das profundezas do oceano, vivendo em um movimento de dança eterno. As luas crescentes e minguantes puxam as correntes do mar e as marés sobem e descem. Esse ritmo vibra no sangue de todos os que residem no enlace do oceano.

150 ShadowScapes Tarô

Dois

É a fusão da água, da terra e do ar, a alquimia dos elementos. Dourados como os cálices, os peixes nadam pelas águas (ou é pelo ar que eles deslizam?). As dríades se enrolam e se entrelaçam em um abraço tão fluido quanto o ar (ou seria o mar?) pelo qual estão cercadas. Elas são almas gêmeas e se contorcem para formar um tronco sólido, mantendo sua individualidade e cores.

Como o redemoinho harmonioso de um yin-yang, eles circundam um ao outro em um líquido que os empurra e puxa. Eles compartilham um cálice. "Beba", sussurra, oferecendo a bebida.

"Eu aceito", o outro responde. Eles bebem intensamente, ao mesmo tempo, e a seiva compartilhada flui para suas raízes.

A outra taça se equilibra precariamente em um galho estendido. Eles não parecem notar, embora os espíritos e silfos observem atentamente. Por enquanto, o recipiente permanece estável, mas, à medida que as árvores crescem e os galhos se estendem, desenrolando e esticando, essa taça poderá permanecer na vertical ou tombar e cair no chão, derramando seu precioso líquido.

Dois de Taças é sobre fazer uma conexão, uma união, uma parceria. É a união de opostos e o potencial de vínculo. É um relacionamento. Como um organismo vivo, os relacionamentos crescem; os fortes se tornam pilares estáveis e os fracos têm suas conexões gradualmente esquecidas até desmoronarem.

152 ShadowScapes Tarô

Três

Há uma canção que mora no fundo do oceano à espreita nos abismos e se esconde nas vozes das baleias e nos guinchos dos golfinhos. Ela assombra recifes e cavernas e, de vez em quando, como uma bolha de ar que se acumula sob a crosta, ela explode formando ondas em direção à superfície.

As sereias das profundezas estavam esperando por esse momento. Elas se reúnem ao sentir como um sinal o tremor das ondas que se espalha por todos os cantos e cantam em contraponto e em solo o som do oceano. O riso libera sons alveolares e, junto a glissandos, cria ondulações em seus lábios. Aquele arrepio alegre das águas convoca os habitantes do mar, todas as variadas criaturas entre as ondas do oceano, para acompanharem o despertar das sereias.

O próprio movimento dos seres que nadam pelas águas é uma elegante dança de ondulação, uma poderosa parte na formação das ondas. A dança líquida do mar explode à superfície, e a canção ecoa para o vasto cofre dos céus.

O Três de Taças é um convite à celebração, à dança e ao canto. A amizade é seu componente principal e o companheirismo, ao se confiar nos outros, desenvolve o espírito de comunidade e de equipe.

154 ShadowScapes Tarô

Quatro

Ela faz o seu caminho para a terra. A superfície da água estremece quando ela se aproxima e então, em um impulso, ela atravessa essa barreira para subir nas rochas. A água escorre de seus cabelos e ombros. Ela tira um arco de gotículas brilhantes da cauda e, como diamantes, as partículas brilham no ar e depois desaparecem sob a superfície.

Ela fica lá, imóvel, prendendo a respiração até ter certeza de que ninguém a seguiu. Quem poderia? Eles só têm olhos, mente e visão para o mundo sob as ondas. Mas ela espera assim mesmo para ter certeza de que está sozinha. Ela está entediada, cansada da existência da dança sem fim do mar.

As ondulações logo se suavizam e a superfície da água se torna um espelho de vidro. O azul do céu derrete no azul refletido da água em uma gradação perfeita de cor e luz. Sua mente escapa em um momento de contemplação. Ela vê seu reflexo pela primeira vez e é atingida por sua própria beleza, não de maneira vã, mas com o fascínio da descoberta. Ela olha nos olhos refletidos que parecem pequenas poças de água em si e estende a mão para tocar a criatura que olha para ela. Com um choque repentino, seus dedos encontram o vidro e a imagem é quebrada em uma dúzia de ondulações.

Ela se assusta e só então percebe que não está tão sozinha como imaginava. Embora os habitantes do mar a tenham deixado à sua própria sorte, os silfos do ar se aproximaram durante sua distração, observando-a atentamente, rindo e zombando. De repente, ela sente o ar gelado em sua pele seca, ansiando pelo abraço reconfortante do mar e de seus parentes.

O Quatro de Taças representa autoabsorção, introspecção, afundar-se profundamente nas próprias preocupações e se perder em devaneios.

A consciência de qualquer outra coisa desaparece e o mundo parece cinzento. Mas o mundo exterior tem muito a oferecer se você desviar o olhar do seu próprio reflexo.

Arcanos Menores 157

158 ShadowScapes Tarô

Cinco

Ela caminha pelas dunas de areia. Seus pés afundam a cada passo de modo que suas pernas doem quando ela finalmente chega à beira-mar. Ela caminha até o fim, segurando firmemente a tigela meio cheia (ou seria meio vazia?), com medo de que ela escorregue de seus dedos dormentes e se quebre na costa rochosa.

A água em seus pés está gelada. As ondas batem nas pontas dos pés, trazendo um calafrio que gela seus ossos. Isso faz seu corpo parecer frágil. Ela estremece e acredita que o vento está tocando seu ombro e não percebe que são sprites. Eles escovam seus cabelos para trás com dedos gentis e sussurram conforto em seus ouvidos, mas ela quase não percebe, com tanta dedicação em se afundar em mágoas e problemas.

Ela enviou suas esperanças ao mar. Eles partiram em um navio branco e ela se pergunta quando e se eles retornarão inteiros.

Ela enche a tigela com suas lágrimas, sentindo um prazer quase sensual no deslizamento daquelas gotas em suas bochechas, e imagina um peixe nadando naquelas lágrimas, nadando na tigela vazia, livre de líquido ou ar. E então ela coloca essa oferenda salgada ao lado de outras no chão.

O Cinco de Taças se afunda em pesar e perda. É a rejeição do prazer, sentindo a tristeza e desejando o que poderia ter sido.

160 ShadowScapes Tarô

Seis

Ela vagueia pelo caminho até chegar ao seu destino. O riacho borbulha ao redor de sua cama, não muito abaixo do local escolhido, e ela põe à mesa xícaras para receber seus primeiros visitantes – seus amigos de casa, com seus brilhantes olhos de botão e sorrisos costurados.

E então os tímidos começam a surgir de sombras e buracos dos bosques: os silfos e as ninfas, da água vítrea abaixo, as dríades, de bétulas, faias e carvalhos e os goblins, do solo. Estes sim são os companheiros que ela estava esperando e ela os cumprimenta alegremente. Eles são atraídos por sua conversa inocente e pela mente que ainda não foi acorrentada por limites do "que deve ser" e definições de impossibilidade. Em seu mundo, os peixes não são presos pela água do riacho – eles podem nadar pelo ar acima daquele caminho vítreo – e a companhia silvestre que ela cultiva em sua mesa é tão bem-vinda quanto as feitas de pano e enchimento.

A Rainha das Fadas se aproxima, e a comitiva fantástica recua. A garota apenas sorri, serve uma xícara de chá e a oferece com simpatia.

O Seis de Taças é um lembrete da inocência infantil, são as boas intenções, os impulsos nobres, as alegrias e os prazeres simples. Não é para ser excessivamente sentimental, mas um desejo de relembrar como a mente aberta de uma criança pode afastar a estreiteza que se apega a você ao longo do tempo, com as complexidades da vida e responsabilidades.

162 ShadowScapes Tarô

Sete

$\mathcal{S}$ua cabeça está perdida nas nuvens. Ela tem estrelas nos olhos e seu foco é ofuscado pela Lua enquanto olha para o castelo no céu. Ela é mental e fisicamente aérea e inconsciente de sua posição precária. Em sua ansiedade, ela poderia dar um passo incauto e despencar daquele poleiro alto para o abismo enevoado que os cerca. Os ventos açoitam seus cabelos e roupas em um tumulto de excitação.

Enquanto isso, ele está um pouco mais recluso. Enquanto ela olha para sua visão de um sonho flutuante, seus olhos estão nos castelos que estão nos lados circundantes do penhasco. Embora difíceis de alcançar, eles são atingíveis, mesmo que os símbolos misteriosos em seu mapa possam ser obscuros. Ele conhece a dor de ansiar pelo impossível.

Mas ela não. "Olhe para cima!" ela diz. Seus dedos permanecem no ombro dele enquanto ela pede para que ele ouça seu desejo e visualize também. Ele concorda com a cabeça sem prestar atenção. Ele até tenta ignorar os pensamentos de "E se pudéssemos alcançar a cidadela flutuante ...?", mas continua examinando o mapa que O Mago lhe deu.

O Sete de Taças envolve se entregar a fantasias. Você tem muitas opções para escolher e, com tantos caminhos, essa tarefa se torna assustadora. Existem muitos desejos. Alguns deles estão dentro do reino da realidade, outros nem tanto. Alguns são sábios caminhos, outros o induzem ao canto da sereia, o que pode levá-lo a um caminho destrutivo. Há possibilidades ilimitadas.

164 ShadowScapes Tarô

Oito

$\mathcal{B}$USCADOR DOS MARES, mergulhe, mergulhe fundo. Mergulhe nas águas de safira tão escuras que pulsam com o brilho nacarado de pérolas negras. Deslize pelas águas, ó buscador da verdade, deslize com corpo flexível através das correntes e ressacas; afaste-se da luz do Sol do mundo lá em cima que cega com seu brilho nítido. Como a delicada luminescência da vida marinha profunda, há algumas coisas que só podem ser vistas quando os olhos se arregalam no outro mundo, sombrio e sem luz. Mergulhe, buscador dos mares!

O Oito de Taças o convida a seguir e a se aprofundar em busca de respostas e descobertas pessoais. Afaste-se e se desligue do mundo material para o espiritual. Deixe as linhas e as bordas afiadas, os sons ásperos que perfuram o ar seco com o chamado do clarim. O abraço do mar é muito mais suave e mais sensual, conectado pelas ondulações e pelos fluxos. A água suaviza os ataques aos sentidos para que tudo se torne fluido e suave.

O Oito de Taças brilha com o toque distante dos raios do Sol que vêm de cima e caem nas profundezas. A cintilação e o brilho exortam você a seguir em frente para se apossar de um deles. Agora é a hora de deixar ir e permitir que todo o cansaço se afaste de você e desapareça nas ondas.

166 ShadowScapes Tarô

Nove

𝒯udo o que o coração deseja está ao seu alcance, na ponta dos dedos, girando como os ricos tons dourados do enorme cardume. Peixes caem e cortam as ondas em um arco frenético, em um espasmo de exuberância, até que a massa dos corpos pareça espremer inclusive a água do espaço.

Há um prazer sensual nas formas elegantes passando por sua pele. Eles cantam pela alegria da vida e pela abundância que será levada àqueles que os alcançam. O mundo estende uma oferta de prazer, intoxicando sua beleza. É gracioso ver o redemoinho formado enquanto os peixes nadam em uníssono e giram através da água como um ser orgânico. Ao invés de centenas de criaturas díspares, eles nadam com tanta harmonia que parece uma dança coreografada.

Peixes simbolizam saúde, prosperidade e boa sorte. O Nove de Taças seduz com o prazer dos sentidos, a satisfação e o desejo de realização. O futuro está garantido e há recompensa no horizonte.

168 ShadowScapes Tarô

Dez

Á**gua gira em** torno dos dois. As ondas foram beijadas pelo Sol e as águas são quentes e convidativas. Eles flutuam naquele abraço fluido, sustentado por uma leveza que brilha em seus corações. Como minissóis gêmeos, presos na gravidade um do outro, eles orbitam entre si. O mundo exterior deixa de existir com essa realização do desejo do coração. Eles não querem mais nada e não precisam de outros para esse momento ser completo, entretanto, eles possuem uma união com todos os seres vivos ao redor.

O cardume envia um turbilhão de bolhas para espumar em um redemoinho em torno de seus membros emaranhados. A alegria deles irradia para o exterior em um abrigo luminoso de proteção. Os peixes são símbolos de abundância e prosperidade. Eles cortam as profundezas azuis e suas escamas brilham como lampejos de ouro vivo. Esse momento de felicidade, de contentamento, aparentemente eterno e final, é real, mas deve ser constantemente nutrido; caso contrário, pode facilmente deslizar de volta para as profundezas do oceano, como um cardume de peixes dispersos.

O Dez de Taças é a conquista final de serenidade e paz. O sucesso e a felicidade foram finalmente concedidos – um contentamento emocional abrangente, não apenas um prazer físico ou material. O apoio e os laços familiares são importantes para poder desfrutar das bênçãos da vida.

Pajem

ELA MERGULHA NAS ondas, procurando ficar sozinha e encontrar um lugar tranquilo para contemplar seus próprios pensamentos.

Ela traz um recipiente consigo e ele transborda com a essência capturada da luz solar do mundo acima dela. Ele contém as minúsculas faíscas que caíram no leito do mar do brilho de moedas de ouro e de raios solares que atravessaram as profundezas. Tudo isso é destilado no conteúdo precioso que ela tem nas mãos.

Ela levanta o objeto abaixo do rosto e sente o calor do beijo do Sol nas ondas. O calor espirala através da água com gavinhas de paz e tranquilidade. O brilho acende seus pensamentos e sua imaginação. Ela sente que sua mente começa a ficar à deriva e sua visão se enche de sonhos com o fantástico.

O Pajem de Taças é alguém sentimental. É um verdadeiro romântico de coração e, em um mundo repleto de tanto barulho e agitação, deseja que o tempo e o espaço simplesmente respirem e apreciem os prazeres que abundam. Ele ouve a voz imóvel do fundo, que fala com compreensão e intuição, e deseja acreditar no impossível.

172 ShadowScapes Tarô

Cavaleiro

O UNICÓRNIO É UM filho do mar, nascido de espuma e ondas inquietas, surgido da quebra selvagem de uma onda. Somente aqueles com pureza de coração podem pôr a mão nessa criatura e, principalmente, montá-la. O Cavaleiro das Taças é seu companheiro na eterna busca. Os dois estão sozinhos nessa jornada mística.

Ele é o cavaleiro da Távola Redonda na grande busca pelo Graal. É o romântico que segue seu coração e suas emoções. É o artista, o músico e o poeta cujos olhos veem os reinos invisíveis da imaginação. É o idealista que não permitirá que meras leis físicas o impeçam de cavalgar com desapego pelos altos e baixos de sua jornada.

O Cavaleiro de Taças segue seus sonhos. Ele deixa sua intuição guiá-lo em suas jornadas. Sprites do mar e silfos espumosos contam-lhe as maravilhas muito além das terras exploradas e ele deseja seguir esses espíritos e ver com seus próprios olhos. O Graal dourado encarna a perfeição que ele anseia. Ele sabe que se permanecer honesto e fiel e seguir as verdades que seu coração fala, poderá um dia provar dessa taça.

As ondas agitam em seu rastro e ele não sabe e nem se importa com o que se esconde abaixo das ondas de safira; ele vê apenas a beleza que brilha nas gotas de pulverização.

174 ShadowScapes Tarô

Rainha

A PRÓPRIA EXISTÊNCIA DA Rainha de Taças é um nexo criativo. Ela é poesia em movimento, imaginação encarnada. Ela pode dançar sobre as ondas dos mares em constante mudança, em uníssono com a dança da vida que envolve todo o mundo e suas criaturas ao seu redor.

Ela escuta suas intuições e segue seu coração. Ela ouve os sussurros das estrelas, pois sabe que eles são muito mais sábios do que qualquer ser nesta terra. Eles testemunharam o mundo desde quando os mares eram jovens.

Embora seus passos pareçam aleatórios e impulsivos, ela conta com um conhecimento profundo. Sua força é extraída do vasto abismo do oceano. Os sábios anciãos das profundezas, as tartarugas marinhas, nadam para se juntar a ela em uma alegre celebração. O mundo em que habitam é como um sonho. Tudo é fluido, um elemento se fundindo no outro. É a paisagem instável do subconsciente, sobrepondo-se ao ser material da realidade. Essa é a essência da criação e da expressão artística.

Guiada por instintos, ela está em sintonia com esse outro mundo e encontra alegria naquela comunhão de espíritos afins. Para outra pessoa que possuísse uma compreensão de sua sincronicidade, um passo em falso em sua posição significaria um mergulho em profundezas insondáveis, mas não para a Rainha de Taças. Ela dança, abraçada pelo infinito azul do oceano e do céu. E onde o mar encontra o céu, não há costura.

Rei

$\mathcal{E}$LE É SÁBIO e compreensivo e conhece o significado da paciência. Como as tartarugas marinhas que nadam ao seu lado, ele guia o caminho com uma calma perene através das inconstantes incertezas das vastas profundezas do oceano. Ele lê o conhecimento dos séculos que foi gravado nos padrões de suas conchas e bebe nesse presente cada respiração da água que flui dentro e ao redor de todos eles. As águas crescem paradas e pacíficas em sua presença. As ondas cerúleas brilham com uma clareza de jóia.

O cavalo marinho é um símbolo do poder de Poseidon e está imbuído da força incansável do mar. Ele é uma criatura paciente, nadando através das ondas em seu próprio ritmo fluido. Ele segue as correntes. No entanto, sua graça é blindada pela espinha de seu exoesqueleto, e essa delicadeza sinuosa não deve ser subestimada, pois o cavalo marinho masculino é o protetor dos jovens.

Como o cavalo-marinho, o Rei de Taças é um protetor. Ele cuida de todos aqueles que estão perto dele. Oferece suas águas curativas, compaixão e cuidado. A mensagem dele é deixar as correntes fluírem através de suas veias para limpar seu coração de seus encargos. Ele é paciente e tolerante e entende que todos os aspectos e necessidades das pessoas ao seu redor devem ser equilibrados.

Espadas

Espadas é o naipe do elemento ar.

180 ShadowScapes Tarô

Ás

Uma espada é como uma faca de dois gumes. Ela pode cortar com a rápida garantia da justiça para eliminar as obstruções que escondem a verdade, pode ser o farol para usar a inteligência e a justiça para obter clareza, ou pode ser usada com a arrogância do poder bruto no calor da raiva. Esses são os efeitos da força incorporada nesta arma – usos muito diferentes da força para fazer funcionar a vontade de alguém no mundo.

Algo está começando agora. Os ventos se reúnem em redemoinhos rodopiantes para convocar os guardiões dos céus: os fogos-fátuos, as almas e os alados. Desse vórtice, surge algo que forçará a dualidade do Ás de Espadas a usar a lâmina de uma maneira ou de outra.

Estes são os silfos do ar e os guardiões das espadas: os seres alados do céu. Um cisne é adorável – ela possui penas brancas felpudas e um pescoço esbelto que arqueia com uma graça sinuosa – mas essa delicadeza é uma fachada que oculta um corpo forte e uma natureza feroz que não tem medo de se levantar. O cisne lutará para se proteger, e asas fortes se abrem para pegar e montar os ventos por grandes distâncias.

Dois

$\mathcal{E}$LE FICA NO caminho, afastando aqueles que se aventuram perto. Sua presença encoberta é imponente. Faíscas de aço surgem enquanto ele puxa as duas espadas para barrar o caminho. "Quem deseja passar?", ele confronta, com olhos e dentes que brilham como os reflexos das lâminas gêmeas. Ele fica lá, tão duro e inflexível como o metal das espadas forjadas. Os espíritos da floresta se contorcem e se agitam nas árvores ao seu redor. Eles se afastam daquele aço frio, daquela figura gelada.

O Dois de Espadas é um impasse. Nenhum dos lados irá ceder e, portanto, nenhum progresso poderá ser feito até que alguém escolha se afastar. É um equilibrado vigiado, uma dança estranha que luta para encontrar um pouco de graça sem ceder. É uma negação da verdade, uma fuga do que está claro diante dos seus olhos ou escondido em seu coração.

"Abra os olhos", exorta o cisne, oferecendo uma flor, uma papoula, que é a morte adormecida que a existência se torna quando barreiras teimosas não podem ser deixadas de lado.

"Abra seu coração", exorta o cisne, ofertando a joia pulsante, um coração que para quando há apenas o desejo de receber em vez de dar.

184 ShadowScapes Tarô

Três

Aqui, a grande força e a beleza de um cisne são derrubadas pela traição. Ela chora com lágrimas de sangue por esse ferimento do coração. Ela está longe de ser uma criatura indefesa – lutará ferozmente para se defender ou a seus filhotes, no entanto, não há sinal de luta; talvez ela se sacrifique. Ela se precipitou e baixou a guarda. Será que a angústia e a tristeza a derrubaram?

Há tristeza e desgosto no Três de Espadas, um sentimento de solidão, separação e isolamento. Não há ninguém para consolar ou dar uma mão. Todos desertaram neste momento de maior necessidade? O mundo abandona e trai, dando as costas à destruição da beleza e à ruptura de um estado emocional frágil.

Superar a dor; o choro do coração é talvez uma necessidade limpeza. Deixe esse tormento sumir; seja purificado do sangue obscuro e depois levante asas brancas para dançar com o céu mais uma vez.

Quatro

SEUS MEMBROS SÃO compostos na atitude da morte, mas esse não é o sono final. É apenas um momento de descanso e recuperação. Sua mente flutua livre. Ela está à deriva em um éter de meditação. Seus olhos estão fechados, mas ela vê com outro tipo de visão. O símbolo de um olho na lâmina que ela segura no peito consegue ver através de seu coração o mundo ao redor com uma clareza pela qual ela se esforça neste exílio autoimposto, em uma contemplação interior.

Ela flutua junto com os lótus, símbolos de pureza espiritual e mental. Os lótus crescem do lodo e da lama de um lago. Purificados pela água, emergem à luz do Sol como lindas flores. Eles são uma metáfora viva para quem busca verdades espirituais. O lótus rosa, em particular, é um símbolo da iluminação.

As espadas servem de travesseiro à sua cabeça enquanto ela medita, como se penetrassem no nevoeiro da incerteza e dissimulassem para alcançar um estado de serenidade. No entanto, este é apenas um descanso momentâneo. Suas mãos seguram a espada com força. Ela sabe que ainda existem muitas provações para enfrentar e respira profundamente impregnando sua mente com a fragrância dos lótus. Ela está pronta para sacar a espada da bainha e voltar para um mundo de conflitos assim que essa pausa terminar, embora talvez com um estado mental muito mais claro dessa vez.

O Quatro de Espadas pede que você tenha um momento de descanso. Feche os olhos e encontre aquele lugar silencioso em seu centro, onde reside a força interior. Desenhe a partir dessa reserva nos próximos tempos.

Cinco

A NOITE DESAPARECE. O Sol nascente atravessa o céu com os raios do amanhecer tingidos de sangue e o ar é quebrado pelo grito retumbante do berrante. O anjo sombrio puxa sua lâmina para se juntar à briga. Ele é acompanhado por cisnes negros que mergulham nas batalhas por interesse e poder e não brilham mais com o branco puro da maioria de seus irmãos. Suas penas iluminam com o brilho ébano de pérolas negras, um tipo sombrio de beleza. Eles enviam desafios estridentes aos céus, saboreando o conflito que se aproxima.

Como uma flecha, ele se lança no ar, obstinado em seu propósito. Ele sacrificou sua integridade para alcançar seus próprios fins e está focado em si mesmo, em sua sobrevivência.

Mas, como em qualquer conflito, há os vitoriosos e os derrotados; um não pode existir sem o outro. Quem é esse anjo das trevas? Ele é o vencedor triunfante ou ele é o derrotado, expulso de sua casa nos céus? As lâminas cruzadas idênticas nas costas dele lembram O Dois de Espadas – uma negação da possibilidade de derrota ou dos direitos e erros da batalha que ele escolhe se envolver. O fim justifica o rastro que ele deixa com a passagem de sua lâmina?

O Cinco de Espadas é um sinal de discórdia e conflito de interesses. As opções apresentadas facilitam o lucro e atendem às próprias preocupações, pois parece que o mundo está aliado a você. Talvez uma visão mais ampla do mundo possa eclipsar esse sentimento.

190 ShadowScapes Tarô

Seis

Quando seus olhos se fecham, ele sente as mãos gentis que o carregam de volta ao dorso felpudo. Ele observa a tensão muscular das asas, a flexão do tendão e do osso, e então uma sacudida quando o cisne salta para o céu. Seus próprios membros parecem maleáveis, minados e esgotados de vontade. Ela o carrega para o alto e ele se enrola em um abraço fetal em suas costas, contente por ela levá-lo embora.

O cisne voa durante a noite. Suas asas não parecem cansar. Ela parece não saber o que é exaustão. A força constante na batida rítmica de suas asas e a pulsação quente e viva de seus batimentos cardíacos sob o peito dele parecem infiltrar-se nos poros dele e inundar seu ser com um pouco de seu espírito. Quando o amanhecer envia frações de luz ao céu, ele finalmente abre os olhos para ver a paisagem que passa rapidamente lá embaixo. A terra parece tão distante. É difícil acreditar na angústia, nos medos e nas tribulações que um mundo em miniatura pode criar. Os corvos da tempestade gritam ruidosamente quando passam, mas o som cai sobre seus ouvidos surdos. Ele vira o olhar para a frente e, quando as nuvens se separam, ele pode ver para onde o cisne o está levando. Ele sorri e aperta firmemente as costas da ave com nova força na ponta dos dedos.

O Seis de Espadas é uma passagem para longe das dificuldades. É uma chance de se recuperar após tribulações. Muita mudança em um mundo desconcertante talvez o tenha induzido ao desânimo, do qual você deve encontrar uma maneira de sair.

Sete

$\mathcal{E}$LE ESCONDE O rosto atrás de uma máscara, ocultando sua verdadeira natureza, e sorri de uma maneira bastante satisfeita por ter conseguido roubar uma das espadas que o cisne guardião supervisiona.

Ele acha que o guardião está alheio, mas ela está, de fato, olhando para ele de soslaio. Ela conhece e reconhece a natureza dele.

Os melros descem sobre ele e se aproximam. "O que você tem aí? Bugiganga brilhante! – eles dizem, atraídos pelo brilho sombrio da lâmina que ele pegou. Ele vira as costas para eles também porque ele é o melro mais inteligente que conseguiu tirar essa espada da pedra.

O Sete de Espadas representa uma tentativa de escapar da responsabilidade. É o ladrão que tenta se livrar do que não é dele. Ele desonrosamente tenta guardar tudo para si e tem duas faces para aqueles que tentam se aproximar. O resultado de tal visão do mundo é a incerteza, pois se alguém não é confiável, por que correr o risco de ter fé nos outros também? A decepção gera desconfiança e um ponto de vista pessimista.

194 ShadowScapes Tarô

Oito

O MIRTILO NASCE ENTRE as sebes, onde a fruta é tentadora e doce, porém até as folhas têm espinhos perversamente curvos para agarrar e segurar. O pequeno beija-flor pode navegar com facilidade entre esses emaranhados traiçoeiros. Pode atravessar os espaços minúsculos e passar pelos espinhos com grande facilidade, mas a elegância nobre e grandiosa do cisne, com a extensão em arco de suas asas, não é para corredores tão emaranhados e espinhosos.

Este cisne não é o primeiro a ter sido vítima dos espinhos. O ancião tem uma coleção dos crânios daqueles que pensaram que força poderia superar tudo, assim como aquelas centenas de bravos cavaleiros que foram mortos na floresta de espinhos emaranhados que cercava a Bela Adormecida, mostrando que a força pura e o poder abusivo nem sempre abrem o caminho para a vitória.

O beija-flor voa perto. "Calma", ele pede, e quando o cisne deixa de se debater, os espinhos deixam de cortá-lo e o pequeno beija-flor empurra suavemente um galho de cada vez. O cisne vê a luz da liberdade brilhando de cima, distante, mas possível.

O Oito de Espadas é um lembrete para não desperdiçar energia no trivial. É fácil congelar-se em uma crise – sentir-se restrito, confuso, impotente e preso pelas circunstâncias – mas sempre há uma saída, se você parar um pouco para respirar e reavaliar.

196 ShadowScapes Tarô

Nove

Os corvos anunciam dissolução iminente
com vozes grasnando absolvição estridente
volta e volta e espiralando sempre perto
um futuro buscado - um futuro incerto.

O FUNIL DO CÉU se estende até o paraíso, uma sinistra torre de tempestades com apenas um pequeno vislumbre de esperança iluminando os olhos da turbulência no alto. "Venha para mim, venha comigo", a voz de um corvo na tempestade sussurra para ele nas proximidades. "Deixe-me guiá-lo". Com olhos ansiosos, ele olha para cima, para longe, alheio à orientação oferecida através da noite escura da alma. Ele segura forte uma espada por segurança, embora ele possa facilmente usar sua lâmina brilhante para iluminar o caminho. Mas, por ignorância ou talvez por fraqueza ou medo, ele a mantém grudada ao seu corpo.

Ele sofre de angústia. As espadas tatuadas em seu peito são as marcas dos arrependimentos que ele experimenta. Ele é atormentado durante a noite por medo interior, ansiedade, culpa e incertezas. Ele é um ser do ar – suas asas devem carregá-lo e o céu deve ser aberto e expansivo, em um mundo de liberdade. Em vez disso, parece uma armadilha que fecha suas mandíbulas sobre ele com os ventos uivantes da tempestade que se aproxima. Se ele simplesmente deixasse de lado essas dúvidas, poderia ser tão livre quanto os corvos na tempestade que espiralam em arcos imperturbáveis acima.

O Nove de Espadas gira com turbulência interior. É um momento de vulnerabilidade, com a alma exposta a seus próprios demônios. A culpa e o medo prendem os músculos à imobilidade. Entenda a fonte desses medos; aprenda o que eles significam e de onde eles se originam. Saiba que a força para se libertar desses grilhões está dentro do próprio coração.

Dez

Ela cai. Os pássaros não a ajudam. Em vez disso, eles circulam em movimentos espirais ao redor dela. Eles rodam violentamente, como abutres aguardando a certeza da morte. Suas asas são como lâminas e suas penas são facas que cortam a pele e o tecido. Eles perfuram a mortalha com seus bicos pontudos para ganhar mais velocidade. Até seus gritos estridentes parecem hostis na noite cinzenta e indiferente. O ar passa por seus ouvidos como um apito oco e afinado. As árvores abaixo estendem os galhos secos para o céu, com seus troncos apodrecendo por dentro. *É o fim!* ela grita para o céu.

Ou é apenas a cortina que cai sobre um ato de martírio melodramático?

O Dez de Espadas representa infortúnio, desolação, encargos para suportar, ruína, o fim das ilusões. Parece que as circunstâncias instigaram um mergulho espiralado e descontrolado. Como sua queda, às vezes circunstâncias estão além do controle humano. Às vezes, não há nada a fazer além de pegar as peças quando as coisas finalmente param e aprender com os percalços.

200 ShadowScapes Tarô

Pajem

Ela segura um cisne em seus braços, seu corpo é um berço vivo para protegê-lo de danos. Ela tem um forte senso de propósito. Espelhando sua atitude, os cisnes se juntam bem perto para protegê-la com suas asas fortemente batendo. Eles são guardiões vigilantes. Seus olhos vigilantes absorvem tudo. Suas asas batem agitadas para criar uma corrente ascendente que a carrega durante a noite.

Ela olha para as estrelas em busca de orientação, seguindo-as como os marinheiros uma vez fizeram. Aqueles que sabiam ler seus intrincados padrões seguiam a fina radiação desses pontos distantes de luz que formam um mapa arcano. Enquanto ela voa pelos céus, eles a convocam junto aos seus companheiros e ao próprio vento. Apressadamente, os ventos se aproximam para atender a esse chamado. Ela os recebe; se esses ventos mudarem repentinamente sob suas asas, ela se adaptará rapidamente ciente dessas mudanças sutis. Ela acena para você, convidando-o a livrar os olhos da neblina nublada da luz do dia e a ver o caminho que os guardiões noturnos do céu oferecem.

O Pajem de Espadas personifica honestidade e veracidade. Ele não tem medo de examinar suas crenças e olha para o equilíbrio entre o preto e o branco ao seu redor sem condenar, pois conhece a medida de sua própria alma. Ele não tem medo da emoção, embora não deixe que as emoções governem as decisões que toma; a lógica é o que o mais domina. Sua mente é ágil e analítica, e ele usa isso para guiar seu senso de propósito e avaliar situações ao ampliar suas percepções para tentar abrir espaço para o novo e para o desconhecido.

202 ShadowScapes Tarô

Cavaleiro

O CAVALEIRO DE ESPADAS é o herói corajoso que se precipita em conflitos para defender suas crenças. Ele é franco e chega diretamente ao seu ponto. Dissimular não é algo que ele é capaz. Isso pode ser visto como uma honestidade revigorante e verdadeira lealdade ou uma falta de tato e discrição.

Ele não deixa as emoções entre ele e seu propósito. A emoção em seus assuntos é estranha e o confunde, dando espaço para dúvidas ou medo. Um cavaleiro sem emoção é destemido, invencível e não reconhece a possibilidade de derrota. Ele não recua quando se envolve, pois não conhece outra opção senão a vitória.

Este cavaleiro tem uma personalidade dominadora. Ele cavalga sobre o rei dos pássaros e juntos eles são como uma lança no céu. Ele é um buscador, cortando os céus com sua espada e suas asas. Uma tempestade se reúne em seu rastro, nascida da turbulência criada por seu exército alado, e ele é elevado acima de tudo para atravessar o caos. A espada é um farol para seus seguidores.

Ele chama o abismo da noite:

Me levantem, espíritos do céu.
Concedam-me uma visão aguçada de Águia,
A rapidez do Pardal.

Concedam-me uma visão de Corvo,
batimento cardíaco valente do Beija-flor.
Suportem-me com graça nas asas do Cisne
guiem-me com visões de sabedoria de Coruja.

Rainha

COM SUA LÂMINA, a Rainha de Espadas corta mentiras e decepções para o coração da verdade. Ela é a honestidade e o conhecimento interior, enviando seus buscadores alados ao mundo. Eles são uma extensão do seu ser e da sua alma. O que eles veem, eles enviam de volta para ela pelas linhas invisíveis que os conectam através do éter. Eles conhecem a linguagem das almas, pois passaram por uma metamorfose que não é o sono e não é a morte.

O branco ofuscante é a cor da pureza, da honestidade, da clareza e do equilíbrio intransigente, mas também da distância e, às vezes, da morte; para chegar à verdade, às vezes, é preciso rejeitar o velho para se desprezar as pretensões e a astúcia. Descarte o passado, deixe o casulo e mergulhe profundamente para procurar a verdadeira face para vestir e mostrar ao mundo.

A Rainha de Espadas é uma mulher inteligente, leal, espirituosa e bem-humorada de maneira franca. Ela é valorizada por suas percepções precisas do mundo ao seu redor e por suas experiências. Ela olhou para dentro sabendo que, quando olha para o espelho, o reflexo é exatamente o que deveria ser e a luz que brilha em sua alma brilha no vidro.

Na linguagem das flores, os lírios roxos são símbolos de força interior e os crisântemos brancos, verdade.

206 ShadowScapes Tarô

Rei

Como a espada vertical que ele segura, ele é um pilar de força e moralidade. Ele detém poder sobre a vida e a morte. Sendo um rei guerreiro, sua espada está sempre desembainhada para que ele possa estar preparado para entrar em ação, se necessário.

Ele é um líder, cavalgando triunfantemente na vanguarda de seu exército. Ele realiza suas ações, seguindo o caminho da verdade iluminado por sua lâmina. Ele é guiado pela silenciosa sabedoria da coruja que pousa e se equilibra na ponta da espada. Seus olhos se agitam com todo o conhecimento antigo de que sua espécie foi imbuída através das crenças humanas.

Espelhando a coruja, ele também é liderado pelos corvos sombrios que se arrastam ao seu lado, como Hugin e Mugin, os corvos gêmeos de Odin, "pensamento" e "memória". Eles voam para procurar verdades e trazem suas descobertas para serem sussurradas ao seu ouvido. Em conjunto, eles são o equilíbrio da noite e do dia. São a nítida clareza do Sol e a coruja é a verdade que só pode ser ouvida distintamente à luz aveludada das estrelas e da Lua. É isso que está incorporado nesses companheiros de aves.

Sombras da noite caem sobre seus ombros, em um manto vivo púrpura, cor que os antigos gregos associavam à realeza. À base do trono está gravada o Homem Vitruviano de da Vinci, que simboliza a mistura entre a arte e a ciência e a simetria no corpo humano e em todo o universo.

Moedas

Moedas são o naipe do elemento terra.

Ás

É A POSSIBILIDADE DE prosperidade, abundância e segurança. É a promessa de riqueza e bem-estar, de florescer e colher os frutos do trabalho duro. A energia gasta terá retornos. Uma semente foi jogada na terra fértil. O que brotará dessa semente? Que flora estranha surgirá? O naipe das moedas é uma promessa de que algo virá, mas exigirá paciência e trabalho. O que cresce é o que você faz disso. A semente deve ser regada e nutrida, pois nada cresce no vazio, e o sucesso exige mais do que sonhos e fantasias. Regue com desejo e nutra com fé, esforço e diligência.

No Egito antigo, o lagarto representava boa sorte e sabedoria divina. São os habitantes da terra e os guardiões das moedas: salamandras, camaleões, dragões. Eles lideram o caminho dos sonhos nebulosos e o fantástico, em uma constante mudança de desejos e vontades da realidade tangível e do mundo para a realidade do ser.

212 ShadowScapes Tarot

Dois

$\mathcal{E}$LE FICA SOBRE uma perna e dança equilibrando-se em um ato de malabarismo. Como a divindade hindu Shiva, ele está envolvido na dança da criação e destruição, um equilíbrio harmonioso de forças opostas. Como se sua pose em si não fosse precária o suficiente, o pináculo rochoso sobre o qual ele está sentado parece pronto para balançar e cair no abismo ao menor movimento incorreto ou rajada de vento; e ainda assim ele está confiante. Ele conhece essa dança muito bem e pode sentir a dinâmica da situação e o vento passando com seus movimentos como um parceiro silencioso e invisível, enquanto eles executam um elaborado *pas de deux*. Será a confiança o motivo de sua queda? Será que o zéfiro sairá da brincadeira e o atacará traiçoeiramente antes que ele possa reagir para compensar uma mudança rápida na direção de sua rajada?

O Dois de Moedas é um ato de equilíbrio: manipular e manter tudo em movimento, ser flexível e adaptável e mudar de direção com facilidade. Enfrente esses desafios que caem no seu caminho com alto astral, mas cuidado para não assumir muito de uma só vez.

Três

$\mathcal{E}$LES TRABALHAM JUNTOS, criando uma escada humana e subindo nos ombros um do outro. Com sua altura combinada, alcançam o alto e anseiam pelo céu. Na parede de pedra, ela inscreve suas moedas e seus círculos. Eles formam uma cadeia de arcos sobrepostos, como relacionamentos interligados: conjuntos circulares de inclusão e combinação, como uma equação matemática das relações e interações humanas.

Cada arco é inscrito com cuidado, como se seguissem uma planta. Seus dedos percorrem a pedra tão facilmente como se a superfície fosse feita de argila molhada; a pedra sólida cede sob a carne macia da ponta dos dedos. Tal é o poder de suas vontades combinadas que, de repente, o que é "impossível" se torna fácil, mundano, realizável. Eles compreendem o poder da unidade quando se trabalha em conjunto com os outros.

O Três de Moedas é a personificação do trabalho em equipe, funcionando como uma unidade. Destaca a competência e o alcance além do esperado. Às vezes, é necessário o apoio de outras pessoas para alcançar uma meta; nem tudo pode ser realizado sozinho. Chegar a outras pessoas não é um fracasso, mas trabalhar com elas exige paciência, planejamento e compromisso para aderir aos padrões de cooperação.

216 ShadowScapes Tarô

Quatro

O DRAGÃO SE ENROLA firmemente em torno de seu tesouro conquistado. Ele usou muitas vidas humanas reunindo um tesouro tão vasto. Ninguém deve tocá-lo; ninguém roubará dele! "Meu!", ele sussurra para seus primos minúsculos que vêm rastejando para ver. As salamandras e os lagartos fogem rapidamente para que ele não os atinja com sua raiva possessiva.

"Meu ouro!", ele declara, sabendo que os camaleões estão assistindo com olhos lascivos. Ele sabe que eles estão esperando um momento de fraqueza para entrar e tomar. Até o leve toque do vento parece um ladrão tentando furtivamente rastejar sobre ele, por isso ele se enrola em torno de si, enrola-se com força, da cauda ao focinho. As salamandras se afastam e o deixam sozinho. Escamas polidas se fundem e se tornam indistinguíveis do ouro sobre o qual ele se deita. Brilho adorável e confortável, nunca manchando, nunca mudando.

O Quatro de Moedas personifica um espírito possessivo, aquele que sempre quer estar no controle. Como resultado, ele vive dentro de limitações, uma gaiola de sua própria autoria, sendo altamente avesso a qualquer mudança. Ele é obstrutivo, negando suas próprias fraquezas, acorrentado por elas. É um ser miserável que é financeiramente bem de vida, mas com um espírito que foi bloqueado por essa preocupação com seu estado material. Abandonar esse egoísmo pode trazer mais felicidade do que aquela que a acumulação tem trazido até agora.

Cinco

 Ela se aconchega, enrolada em si mesma. Seus olhos estão voltados para baixo, ignorando a glória de luz líquida que derrama pela janela. A beleza e a cor da luz são lembretes do que lhe falta; ela se sente monótona e esgotada. O dragão, exultante, zomba dela e exige humildade. Somente o chão espinhoso a abraça ao estender gavinhas espinhosas em sua direção. Ela se encolhe e sente sua solidão com uma dor aguda, sem ver a alma que paira na ponta dos dedos ou os olhos a observando das sombras.

Ela é alheia ao que está ao seu redor, voluntariamente cega ao seu mundo externo e ignorantemente cega ao seu interior também. Seu espírito chora com necessidades que ela não atende. Ou talvez ela simplesmente não entenda o que realmente deseja, de tão separada dos sinais de seu corpo e espírito. Há desconexão.

O Cinco de Moedas é indicativo de pobreza espiritual, problemas materiais, insegurança e tempos difíceis. Há uma negligência das necessidades do corpo, um sentimento de ostracismo e exclusão, de perda. E, no entanto, a salvação não está longe, se você puder fazer essa conexão e enxergar além dos bloqueios mentais e físicos. Até o arbusto espinhoso, que ela vê como sua única companhia, dá flores.

Seis

$\mathcal{E}$LE SE SENTA no pináculo, nas costas do dragão, confiante e seguro de si. Ele sabe que alcançou o desejo de seu coração nesta vida e está repleto de riquezas. E então ele toca uma melodia naquele poleiro alto e permite que sua riqueza acumulada transborde na música que ele canta sobre a terra seca abaixo. O solo seco clama por esse alívio e estende gavinhas espinhosas para receber a chuva da vida e as bênçãos em sua canção.

O Seis de Moedas representa os ciclos de dependências entre aqueles que têm e aqueles que não têm. O rebento sai da lama, da sujeira e da desolação sob a chuva de vida e riqueza do alto. O flautista não vê e nem nota, pensa talvez que ele faça parte de uma equação unilateral de generosidade; mas, ao mesmo tempo, as plantas e os galhos sustentam a muralha da qual ele se empoleira. Suas raízes se infiltram nas fendas e ligam a estrutura para reforçar e proteger contra erosão. Um apoia o outro, como um ouroboros, em um ciclo autossustentável.

Nessa circunstância, quem realmente é o benfeitor?

Quem detém o poder?

222 ShadowScapes Tarô

Sete

Ela fica no jardim verdejante que cuidou com carinho. Ela é a dríade guardiã da madeira. Ela faz parte deste lugar, este Éden de sua própria autoria. Os pêssegos estão maduros; uma energia mágica se contorce em cada globo exuberante. Os pêssegos são fruto do verão, de longos dias de relaxamento. Seu néctar é a longevidade amadurecida.

O sabor doce do suco sobre a língua é como uma lembrança visceral do verão.

Arrancá-los ou não? As ondas tatuadas agitam seu corpo com sua especulação. Ela coloca a mão na fruta, pronta para pegá-la. O pêssego pulsa como se contivesse o coração da árvore, batendo com o pulso de seiva através dos galhos. Será que esses pêssegos ainda brilham e continuam suculentos uma vez retirados da árvore, ou eles simplesmente perdem o sabor como a fruta normal em sua cesta?

O Sete de Moedas desafia você a fazer uma escolha: comer e apreciar as frutas na cesta, ou deixá-las florescer e amadurecer e continuar no galho. Trata-se de colher a recompensa pelo esforço e pelo trabalho. As sementes foram semeadas; o tempo de trabalho e espera já passou. Eles cresceram e foram concretizados. Agora é o momento de apreciar. É um momento calmo de consideração de alternativas e abordagens diferentes.

224 ShadowScapes Tarô

Oito

Com diligência e paciência, a aranha cria sua teia. O amanhecer polvilha uma série de estrelas orvalhadas através dos fios.

Tecelão, teça um padrão:
teça um sonho de almíscar de verão;
teça a cortina do crepúsculo da estação.

Tecelão, teça um destino:
teça a linha frágil e ancorada de uma vida;
teça os sinais de cera da Lua despida.

Tecelão, teça uma teia:
crie cada fio precioso e sedoso;
exibições do artista pomposo.

    A aranha trabalha duro. Ela tece sua teia durante a noite, cada fio colocado com cuidado para criar um padrão bonito e construído para um propósito. É como uma meditação, uma dança complexa com oito pernas: gire, pise, pise, segure, coloque o fio, gire e pise; e repita.

    O Oito de Moedas encarna um artesão, alguém que possui muita paciência e que está atento aos detalhes. É um chamado para ser absorvido em um projeto, para buscar conhecimento e um entendimento superior. Tudo isso deve ser feito na prática, usando as mãos, o corpo e a mente para criar. Muitas vezes, isso é necessário para alcançar o sucesso – uma aplicação prática de intelecto e habilidade para finalizar uma tarefa.

Nove

SEU SER ESPIRITUAL está em comunhão com os aspectos materiais de sua vida. Ela se esforça para fazer essa conexão musicalmente através de um instrumento tão elaborado e mecânico como um piano – metal e madeira de alguma forma criados para gerar ordem, beleza e som de toque.

Este piano, no entanto, não é feito unicamente pelo homem. Ele é sintonizado no mundo circundante e está inextricavelmente entrelaçado no tecido da natureza, crescendo como as árvores vivas ao seu redor. É uma parte da floresta, do musgo, das folhas e das cascas, e as músicas que escorrem quando seus dedos voam pelas teclas ecoam com essa influência.

Ela está sozinha e vem aqui procurar a solidão que a floresta oferece. Ela está contente com sua autossuficiência. A concha de caracol em que ela se senta e as espirais nos galhos das árvores são uma representação física da proporção áurea, um continuum que se aproxima do infinito, do equilíbrio, do ideal. Ela não olha para as mãos enquanto toca, mas olha para a perfeição dos vitrais do Sol brilhando através das folhas no alto. Ela sorri e se delicia com o calor e o brilho esmeralda.

O Nove de Moedas é um equilíbrio do material com o espiritual. É bem-estar e refinamento material, disciplina para alcançar algo, confiança em si mesmo e nas próprias habilidades. É entender e apreciar a riqueza que já possui.

228　ShadowScapes Tarô

Dez

Ela está vestida de seda e enfeitada com adornos dourados. Seu traje rico indica que ela goza de status social. Ela se encolhe contra o dragão acumulador enquanto ele se desenrola e serpenteia como uma brisa acima dos vales.

Os ventos sussurram segredos antigos para as árvores que enrolam suas raízes e depois, com um pincel de folhas, passam para o dragão. Ele, por sua vez, canta essas palavras para ela, pois ele viu muitas coisas em seus séculos e ficou mergulhado no que seria. O mundo é uma obra-prima de vitrais – um mundo de arte e riqueza – e ela segura um pêssego apertado, que há muito tempo é um símbolo na China de imortalidade e auspiciosidade.

Ela é tradicionalista, enraizada nas convenções e no estabelecimento de padrões,

Ela sabe que conseguiu alcançar sua posição na vida seguindo essas regras. Ela sabe que não é por acaso que chegou aqui. Existe um padrão na vida e no mundo, definido como o vitral que a cerca – intencional e trabalhado com a mão de um mestre. Essa visão é mais duradoura, em sua natureza física, como uma obra de arte do que nas realidades mais efêmeras que ela representa. Ela sabe que o status que alcançou resulta de seu próprio trabalho e crenças.

O Dez de Moedas é sobre desfrutar da riqueza, desejando a permanência que a segurança financeira pode trazer. Ser capaz de apreciar o luxo e a boa sorte que lhe aconteceu. Esta é a última palavra em sucesso mundano, o resultado de esforços de longo prazo sendo colhido, finalmente podendo se estabelecer em situação e posição benéfica e duradoura.

230 ShadowScapes Tarô

Pajem

$\mathcal{A}$ OPORTUNIDADE DORME COMO o dragão cuja crista ela repousa. Sonhos e visões vibram ao longo de sua esmeralda. Eles se erguem pelas solas dos pés de quem pisar naquele caminho viridiano transmitido pelos sonhos do leviatã – sonhos de sucesso e de possuir conforto e estabilidade materiais. Ela conhece as visões que o dragão oferece – um maravilhoso jardim de delícias. Ela é a guardiã daquele jardim, dedicado à sua preservação.

O Pajem de Moedas vem trazendo sua mensagem por oportunidades de crescimento e prosperidade. É uma pequena faísca mantida, mas precursora do potencial. Faça dessa centelha o que quiser – um mero carvão ardente ou o brilho de uma estrela em ascensão – mas essa escolha e visão são algo que cada indivíduo deve encontrar por conta própria, usando habilidades e recursos à mão.

Ele é confiável, diligente, estudioso e adota bolsa de estudos. É prático, pés no chão e reflete antes de agir ao mesmo tempo que não tem medo de abraçar um mundo de prazer físico. É alegre e seu espírito está entrelaçado com tudo ao seu redor.

232 ShadowScapes Tarô

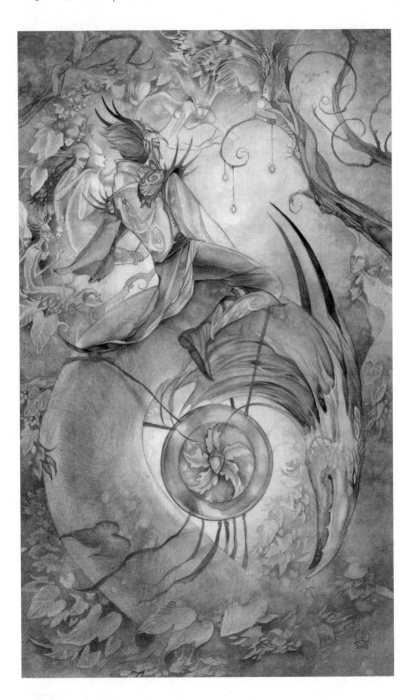

Cavaleiro

A FOLHAGEM SE TRANSFORMA em um caminho estreito e ele não vê nenhuma das tentações que o cercam. Os espíritos da floresta se reúnem e sussurram tentações, balançando suas bugigangas feéricas. As dríades esticam os dedos delgados para escovar o elmo enquanto ele passa por baixo dos galhos esticados.

Mas ele não percebe, pois ele tem olhos apenas para a luz que é seu objetivo. O Cavaleiro de Moedas é metódico, completo e inabalável. Ele monta na crista de um dragão terrestre, ancorado e lento, mas indispensável em seu progresso; onde ele definir suas metas, será alcançado.

Ele nunca entra em cena sem primeiro avaliar completamente uma situação. Ele tem tempo e paciência para fazê-lo. Ele é conservador e prefere fazer as coisas de uma maneira comprovada e verdadeira, sem se desviar para o desconhecido. Pode parecer que ele não tenha criatividade ou desejo de explorar, mas valoriza mais o sucesso de um empreendimento do que como esse objetivo é alcançado. Ele é obediente, firme e leal, e se mantém fiel à sua palavra quando a dá. Quando há uma tarefa em mãos, sua paciência e energia nunca diminuem até que ela seja concluída.

O Cavaleiro de Moedas é obstinado em seus caminhos e em suas manias, preso ao seu objetivo, quase com uma mentalidade de visão de túnel. Isso pode parecer uma falha, mas também pode ser incrivelmente eficaz. Ele vê e sabe exatamente o que quer e onde está o seu destino e se move constantemente em direção a ele de uma maneira implacável. Quando ele atinge esse objetivo, ataca com toda a força da terra, que é sua, para convocar: o poder pesado dos gigantes, o estrondo de um terremoto, o empurrão das raízes de uma árvore poderosa no solo e na pedra.

234 ShadowScapes Tarô

Rainha

A Rainha de Moedas anseia por nutrir e cuidar dos outros. Ela está cheia de generosidade e possui um calor de espírito que brilha em seus olhos. O leque de galhos dispostos em torno de sua figura lembra a deusa hindu de dez braços Durga, personificação da energia criativa feminina. Ela é dedicada, protetora e confiável e está segura em seus bens materiais e em sua posição na vida.

A Rainha de Moedas dará seu apoio a quem pedir. Ela tem a força que extrai do próprio carvalho do qual faz parte (ou que faz parte dela) e está disposta a compartilhar a força que é retirada da sustentação do dourado poder da vida e do calor do Sol em seus galhos, transmutados na energia mais pura.

"Leve isso como um sinal e um lembrete de que estou sempre aqui" diz ela, pegando uma folha dos galhos que sussurram um canto ao seu redor. Eles suspiram em cem vozes, uma estranha harmonia de segredos que eles guardam para ela.

Rei

O Rei de Moedas traz uma semente na mão com um brilho dourado, uma luz interior, que pulsa como se contivesse um batimento cardíaco que fala com uma humilde promessa de brotar. As folhas se esticam para se aquecer nesse brilho. Os galhos oferecem frutas maduras e com mel, cada globo delicioso inchado com sucos doces tentadores. Seus galhos se esticam como os orgulhosos chifres de um cervo. Ele é ao mesmo tempo homem, árvore e dragão; todos entrelaçados, interligados, emaranhados; ele é um rei do mundo material.

Este rei é um indivíduo empreendedor, um homem que possui talentos variados. Ele tem o toque de Midas, dourando tudo ao seu redor com um brilho sumptuoso. Quando ele coloca as mãos em algo, ele está destinado ao sucesso. Quando ele decide ter uma ideia, ela se torna um brilho polido. Ele é confiável e hábil no que faz. Ele é um apoio constante e sólido, caso você precise de alguém para se apoiar. A força eterna e a estabilidade das árvores são dele. As raízes se espalham por toda parte, absorvendo energia dos poços escuros e argilosos da terra – das cavernas dos guardiões da terra, das tocas dos dragões e das pedras e ossos antigos das profundezas. Com essa força estabilizadora, ele estende galhos, braços e aspirações às estrelas.

Ele é uma inspiração para o sucesso e ainda é generoso e disposto a compartilhar sua riqueza e fortuna. Compartilhe da fruta que ele oferece. Ele sabe que a riqueza será compartilhada sucessivamente e, a partir desses frutos, novas sementes brotarão e crescerão como árvores poderosas.

Aberturas

Abertura de uma Carta

As vezes menos é mais. Uma quantidade notável de sabedoria e informação pode vir de apenas uma carta. E a beleza dessa "abertura" é que ela pode ser usada para responder a quase qualquer pergunta. Simplesmente faça sua pergunta e tire uma carta. Por exemplo:

O que eu preciso saber hoje?

O que devo comprar para minha mãe no aniversário dela?

Devo ir a essa festa hoje à noite?

Como devo abordar minha reunião no trabalho?

Por que estou me sentindo assim?

240 ShadowScapes Tarô

Abertura de Três Cartas

Essa é uma abertura muito flexível para obter um pouco mais de informação ou para enxergar as relações entre os aspectos de uma situação. Você pode facilmente adaptar os significados da posição para se adequar à sua pergunta. Experimente alguns deles ou invente o seu.

Passado   Presente   Futuro

Use esta para ver quais eventos ou energias do passado estão afetando o presente e o que no presente pode moldar o futuro.

Situação   Problema   Solução

Use esta para obter informações sobre uma situação preocupante e uma possível solução.

Decisão   Escolha 1   Escolha 2

Esta é para ajudar quando se é confrontado com uma decisão. Ela mostra o coração da decisão e as coisas mais importantes que você precisa considerar sobre as duas opções. Ela é expansível; se você tiver mais de duas opções, basta adicionar mais cartas.

Situação   O que fazer   O que não fazer

Use esta para descobrir a melhor maneira de lidar com uma situação complicada.

Abertura da Cruz Celta

A abertura da cruz celta é muito tradicional e conhecida. Ele fornece muitas informações sobre qualquer situação. Nela, é interessante comparar a quinta, sexta e décima carta, pois todas elas têm a ver com o futuro e os resultados.

```
              3                      10
    5         1         6            9
              2                      8
              4                      7
```

1. SIGNIFICADORA: representa você.

2. CARTA CRUZADA: esta carta (colocada lateralmente) indica o conflito.

3. CABEÇA: ilustra a base, ou fundamento, da situação.

4. BASE DA QUESTÃO: mostra influências do passado que estão afetando a situação atual.

5. INFLUÊNCIAS DO PASSADO: ilustra o que provavelmente acontecerá a seguir.

6. INFLUÊNCIAS DO FUTURO: representa o resultado que você mais deseja nesta situação.

7. POSIÇÃO ATUAL: é sua autoimagem, como você se vê na situação atual.

8. FATORES AMBIENTAIS: representa as influências das pessoas ao seu redor; pode mostrar como os outros veem você nessa situação.

9. ESPERANÇAS E TEMORES: indica o que você espera ou mais teme nesta situação.

10. RESULTADO: indica o que provavelmente acontecerá se nada mudar.

Amor Escrito nas Estrelas?

Se você está procurando amor e se pergunta se há algum romance escrito nas estrelas para você, use essa abertura para descobrir.

1. PRONTO: representa a maneira pela qual você está pronto para o amor entrar em sua vida.
2. OU NÃO: mostra de que maneira que você não está pronto para amar. Para atrair um amor para sua vida, analise esta carta com cuidado.
3. FAÇA-O: consulte esta carta para obter conselhos sobre um passo que você pode dar para se colocar no caminho do amor.
4. PARE COM ISSO: considere esta carta como um aviso sobre algo que você faz ativamente para bloquear o amor de sua vida.
5. RESULTADO: Esta é sua resposta. Se for positiva e o amor estiver nas estrelas, preste atenção nas cartas 2 e 4 para melhorar as coisas. Se a resposta for negativa, trabalhe nos problemas das cartas 2 e 4 e fortaleça a energia observada nas cartas 1 e 3. Em seguida, tente essa abertura novamente e veja se você criou um resultado melhor.

Será que vai durar?

Se você está em um relacionamento e se pergunta se há um "felizes para sempre", essa abertura lhe dará uma prévia. Certifique-se de comparar as cartas nas várias posições para obter mais compreensão. Por exemplo, uma comparação natural é a linha superior concentrar-se nos aspectos positivos do relacionamento e a linha inferior ilustrar os desafios. A primeira e a quarta carta mostram suas esperanças e seus medos. Compare-as. Como elas diferem? Como eles se assemelham? A segunda e a quinta carta são as esperanças e os medos da pessoa amada e devem ser comparadas entre si também.

$$1 \quad 2 \quad 3$$
$$7$$
$$4 \quad 5 \quad 6$$

1. Sua esperança: é o que você espera que aconteça.

2. Esperança da pessoa amada: é o que a pessoa amada espera que aconteça.

3. Força: é a maior força do relacionamento.

4. Seu medo: é o que você teme sobre esse relacionamento.

5. Medo da pessoa amada: é o que a pessoa amada teme sobre o relacionamento.

6. Fraqueza: é algo sobre o relacionamento que é fraco.

7. Resultado: é o resultado provável. Se negativo, trabalhe com medos e fraquezas, reforce os pontos fortes e veja o que acontece. Se positivo, use essas informações para melhorar ainda mais uma coisa boa.

Lei de Equilíbrio

Essa abertura foi inspirada na carta Dois de Moedas do Tarô Shadowscapes, uma carta sobre o equilíbrio precário. Em nossas vidas, há momentos em que devemos fazer malabarismos com muitas coisas: responsabilidades, obrigações, vontades, necessidades, desejos etc. Às vezes, isso tem a ver com nossa vida externa, coisas que fazemos no nosso dia a dia. Outras vezes, tem a ver com um equilíbrio interno de crenças, pensamentos e sentimentos. Essa é uma boa disseminação para essas duas situações. Isso ajuda você a entender a si mesmo e ao ambiente que está cercando e afetando seus esforços. Também lembra que, mesmo durante esses períodos de equilíbrio, nada é verdadeiramente estável. Tudo está no processo de ir ou vir. Ao manter a ilusão de equilíbrio, o que realmente está sendo criado? O que realmente está sendo destruído?

4

2 3

1

1. Você: mostra algo que você precisa saber sobre si mesmo nesta situação. Pode ser como você está afetando positiva ou negativamente a situação ou como ela está afetando você.

2. Criação: mostra o que está em processo de criação. Isso pode ser algo tangível ou intangível. Pode ser o que você pretende criar ou pode ser algo que você não esperava.

3. Destruição: mostra o que está em processo de destruição. Isso pode ser algo tangível ou intangível. Pode ser o que você pretende destruir ou pode ser algo que não pretendia destruir.

4. Vento: Esta carta, como o zéfiro no Dois de Moedas, representa o ambiente externo que afeta a situação. Ela mostrará se ele é benéfico ou não. Se está mudando ou se permanece estável.

A Jornada

Essa abertura foi inspirada no Oito de Taças e na carta O Eremita do Tarô Shadowscapes. Ambas se concentram em deixar algo, partir em viagens e procurar o que está faltando. Quando você se sente prejudicado por sua vida atual ou pelo mundo e deseja algo diferente, mas não sabe ao certo o que, essa abertura pode ajudá-lo a identificar o que está impedindo você e o que precisa para avançar.

As cartas 4 e 5 podem formar uma mensagem interessante quando lidas juntas. Existe uma conexão entre o motivo de você estar viajando e o que está iluminando seu caminho? Como essas cartas se relacionam com o "destino"? Da mesma forma, existe uma conexão entre as cartas "de saída" e o desafio?

$$
\begin{array}{ccccc}
 & & & 5 & \\
 & 1 & & 4 \quad 6 \quad 7 & \\
2 & 3 & & &
\end{array}
$$

1-3. PARTINDO: essas três cartas dizem o que você está abandonando, o que não é mais satisfatório ou o que está impedindo você. Pode haver três coisas distintas ou as cartas podem trabalhar juntas para descrever uma coisa.

4. O PORQUÊ: explica por que você está sendo chamado para embarcar nessa jornada no momento.

5. ESTRELA: como o pedaço de estrela na lanterna do Eremita, é isso que está guiando ou levando você em sua jornada.

6. DESAFIO: mostra um desafio que você enfrentará em sua jornada.

7. DESTINO: mostra para o que você está se movendo. Este é o lugar nesta parte da jornada, que você (ou seu eu superior), de qualquer forma, deseja chegar.

Mensagem do Universo

Essa leitura pode ser uma experiência muito poderosa e é um ótimo momento para praticar a visualização, "entrar na carta", como que você leu no início deste livro.

4

3

2

1

1. CORPO: esta é uma mensagem do universo para você em relação ao seu corpo – a maneira como você se importa com ele, como você pensa sobre isso, como honra seu corpo ou não.

2. CORAÇÃO: Esta é uma mensagem do universo para você sobre seu coração, a maneira como você protege ou compartilha seu amor, como se sente ou o papel que você deixa as emoções desempenharem em sua vida.

3. MENTE: Esta é uma mensagem do universo para você em relação à sua mente, à maneira como você a usa (ou não), como vê e pensa sobre o mundo ou à maneira como aborda os problemas.

4. ESPÍRITO: Esta é uma mensagem do universo para você sobre o seu espírito. Talvez seja algo que você precise fazer para o seu bem-estar espiritual, uma maneira de honrar seu espírito ou como você pode deixar seu espírito preencher sua vida diária.

Sonho realizado

Se você tem um sonho ou uma meta que deseja alcançar, essa abertura será muito útil. Ela mostrará o que você pode usar, o que você deve observar e o que você pode realmente fazer para ajudar a tornar seu sonho realidade. Preste atenção às cartas 4 e 5. Veja como elas podem fazer bom uso da energia descrita nas cartas 1 ou 2 ou como elas podem superar o aspecto ilustrado na carta 3.

6

4   5

1   2   3

1. ASPECTO MAIS FORTE: este é o aspecto mais forte do seu sonho ou objetivo e é algo que você pode usar para construí-lo – um ponto de partida para avançar ainda mais.

2. ENERGIA ÚTIL: esta é uma energia muito útil que está disponível para você. Pode não ser estritamente energética, mas pode representar alguém que pode ajudar (principalmente se uma carta da corte aparecer aqui), algum lugar onde você possa encontrar informações ou recursos, ou alguma outra fonte de ajuda.

3. ASPECTO MAIS FRACO: este é o aspecto mais fraco do seu plano. É onde você precisa de mais ajuda, tem maior necessidade ou um desafio a enfrentar.

4-5. AFAZERES: essas cartas representam duas coisas que você pode fazer – duas etapas que você pode seguir – para progredir em direção ao seu objetivo ou para manifestar o seu sonho.

6. RESULTADO: representa o resultado se você seguir os conselhos desta leitura. Se o resultado não for o que você espera ou deseja, pense mais sobre seu objetivo e as possíveis ramificações. Considere modificar seu plano e tente a leitura novamente.